中华先贤人物故事汇

史可法

胡　辉　著

中华书局

图书在版编目（CIP）数据

史可法/胡辉著. —北京：中华书局，2020.9
（中华先贤人物故事汇）
ISBN 978-7-101-14408-6

Ⅰ.史… Ⅱ.胡… Ⅲ.史可法（1601~1645）-生平事迹
Ⅳ.K827＝48

中国版本图书馆 CIP 数据核字（2020）第 028138 号

书　　名　史可法
著　　者　胡　辉
丛 书 名　中华先贤人物故事汇
责任编辑　傅　可　董邦冠
出版发行　中华书局
　　　　　（北京市丰台区太平桥西里 38 号　100073）
　　　　　http://www.zhbc.com.cn
　　　　　E-mail：zhbc@zhbc.com.cn
印　　刷　北京瑞古冠中印刷厂
版　　次　2020 年 9 月北京第 1 版
　　　　　2020 年 9 月北京第 1 次印刷
规　　格　开本/787×1092 毫米　1/32
　　　　　印张 5½　插页 2　字数 50 千字
印　　数　1-10000 册
国际书号　ISBN 978-7-101-14408-6
定　　价　22.00 元

出 版 说 明

孔子周游列国，创立儒家学说；张骞出使西域，开辟丝绸之路；书圣王羲之，留下了曲水流觞的佳话；诗仙李白，写下了"举头望明月，低头思故乡"的名篇；王安石为纠正时弊，推行变法；李时珍广集博采，躬亲实践，编撰医药学名著《本草纲目》……

这些杰出的历史人物，有的是在中华民族文明进程中做出过突出贡献、对后世产生过巨大影响的思想家、政治家，有的是对中华优秀传统文化的传承传播发挥过重大作用的文学家、艺术家、科学家，有的是为国家安定统一、民族融合团结和中外文化交流做出过杰出贡献的军事家、外交家……他们为中华民族的繁荣发展做出了伟大的贡献，他们的行为事迹、风范品格为当世楷模，并垂范后世。

他们是中华民族的先贤人物。他们的思想、品德、事迹，是中华优秀传统文化的结晶。他们的故事，是对中华民族的禀赋、特点和气质最生动、最鲜活的阐释。他们的名字，在五千年中华文明史上最为光彩夺目。他们为五千年中华文明史书写了最为光辉灿烂的篇章。

为了解先贤，走近先贤，我们精心组织编写了这套《中华先贤人物故事汇》丛书。以详实可靠的史料为依据，以细腻动人的故事为载体，真实地呈现中华先贤人物的事迹、品格和精神风貌，彰显他们的贡献和功绩，以激发人们对国家民族的热爱，对中华文明、中华优秀传统文化的崇敬。

开卷有益，期待这套丛书成为你的良师益友。

目 录

导 读

公元1644年是风云突变、王旗迭换的一年。这年三月十九日，李自成攻陷北京，明崇祯皇帝自缢，享国二百七十六年的明王朝覆亡。不甘亡国的朱氏子孙不久在南京重建朝廷，史称南明。其时，身为南京首臣的兵部尚书史可法由此站在了历史的前台。

史可法生于1601年，字宪之，又字道邻，开封祥符人，年轻时师从东林六君子之一的左光斗，于崇祯十六年（1643）官拜南京兵部尚书、参赞机务，跃为南京首臣。其为官十八年的最耀眼事迹，集中在1644年四月至1645年四月这短短一年当中。这一年发生了许多重大事件，如福王登基、设立四镇、李自成被清军击败、左良玉内讧、扬州保卫战等。

史可法为官清廉，在晚明贪腐成风的官场，他的个人品格堪称一枝独秀，尤其是爱兵如子、"士不饱不先食，未授衣不先御"的品格，使他赢得了官兵爱戴。然而可惜的是，因福王登基之前，史可法有过立桂王监国的想法，从而遭到弘光朝廷的排挤；更难逆转的困境是，他前往扬州所督的四镇均自恃拥福王登基的"定策之功"而跋扈自雄，尾大不掉的割据势力造成史可法军令难行的被动局面，因此史可法渡江一年，始终无法北上收复失地，被迫将时间和精力消耗在调停各镇间的利益纷争之上。值得一提的是，史可法的大义孤忠赢得了最为桀骜不驯的四镇总兵之一高杰的支持，而高杰的旋即死难又直接导致史可法的北伐雄心化为泡影。就此而言，史可法是那个天崩地解的时代里最具悲剧色彩的人物之一。

在中国历史上，史可法的被俘就义、宁死不屈堪比南宋末年的文天祥，从立朝开始就腐败不堪的弘光朝未必值得效忠，但在民族大义面前，史可法表现出的忠勇刚烈、舍生忘死的精神，将永载史册，令后人仰望。

渡江勤王

1

　　大雨已经下了三天三夜。

　　南京兵部尚书府内一片寂静。府中不是无人，而是所有人都被弥漫的焦虑气氛压抑得不敢大声说话，也不敢疾步而行。这日午后，身躯精悍、脸色黝黑的南京兵部尚书、参赞机务史可法从内堂缓步踱到门前，抬头看着大雨，缓缓摇头，一声长叹后，嘴里喃喃说道："这雨为什么还不停？"

　　他左手成拳，不自觉用力一握。

　　大雨仍旧瓢泼，庭院内的几株高树被暴雨击打得枝叶乱摇。

一名军士从外面急步走到史可法面前，躬身说道："禀报大人，史德威将军求见。"

史可法脸上的忧急之色未去，回道"传他进来"

片刻后，顶盔贯甲的史德威冒雨过来。他走到史可法身边，拱手说道："尚书大人，末将前来复命。"

史可法侧头凝视对方，面带沉思，缓缓说道："德威，今日初几？"

史德威仍是拱手，说道："回禀大人，今日四月初六。"

史可法眉头微皱，声音略略提高："今日初几了？"

史德威一怔，随即说道："回禀大人，今日乃大明崇祯十七年四月初六。"

史可法又一次抬眼望天，喃喃说道："十七年，十七年！"说罢长声一叹。

史德威见史可法心事涌动，犹豫了一下，说道："兵部五日前发出檄文，如今奉命集结的只有五千军士。"

"只有五千?"史可法眼睛圆睁,眉头紧皱,抬头问道:"檄文可曾全部送到各镇?"

"檄文早已发出,应命而来的……到今日方只五千人马。"史德回道。

史可法从胸中愤然吐出一口长气,摇头说道:"圣上勤王诏书乃二月所发,那时李自成便已造船三千,兵渡黄河,直指京师。今日已是四月初六,竟然只到五千人马?"他抬头凝视史德威,补充说道:"武昌那边来了多少?"

史德威犹豫一下,声音低了下来:"宁南伯麾下,无一人前来。"

史可法怒声说道:"当年川陕之战,杨嗣昌大人九檄左良玉,他置之不理,如今拥兵武昌,骄亢自恣,他不把我这个兵部尚书放在眼里也就罢了!现京城无半点消息,显是势局,此时他居然还不接令勤王?"

史德威见史可法动起肝火,默然片刻,说道:"大人,我们今日该当如何?"

"今日如何?"史可法抬眼看着屋外大雨,

沉声说道:"传我将令,大军明日渡江,谁也不再等了。"

2

翌日,史可法冒雨在校场阅兵之后,传令大军渡江北上。

见雨势不减,辎重难行,史可法下令扎下营寨,欲先休整军力。

不料一连数日,风雨始终不息。

这日史德威检查完各营之后,进入中军大帐。

史可法正与应廷吉、王秀楚、汪思诚等几名文武商议,见史德威脸上满是忧虑之色,便问道:"德威,何事忧虑?"

史德威看看帐内诸人,拱手叹道:"史大人,末将刚去巡营,我军士气不振。如今李自成手下没有百万大军,也有数十万,我们这五千人马……"说到这里,史德威停住了,他的意思再明显不过,眼下这士气低迷的五千人,如何是李自成大军的对手?

史可法闻言，神情不变，沉声说道："谋事在人，成事在天。如今京城消息全无，社稷堪危。为人臣者，尽忠竭力便无愧于心了。"

他侧头看着幕僚应廷吉，说道："继续说下去。"

应廷吉手捻胡须，叹息说道："甲申乃闰，尚未入夏，不应有如此连日暴雨，适才从卦象来看，京城已凶多吉少。"

史可法素来信任应廷吉的天文术数，此刻听他说出"凶多吉少"四字，不禁脸色大变。他背手来回踱步，听得外面雨声阵阵，嘴里喃喃自语道："难道果真天不佑大明了？"他随即又走到史德威面前，提声说道："传令，各营做好出发准备。雨虽不停，大军不能停！"

见史可法说得坚决，史德威双手一拱，应声"得令"，转身出帐。

史德威刚走片刻，帐外一匹快马迅疾冲到帐前方定。

进来的是史可法麾下大将，两月前晋升都督同知，提督南京大教场的刘肇基。

史可法见刘肇基脸有喜色，精神微振。果然，刘肇基匆匆进帐便拱手说道："大人，末将刚从南下流民中得到讯息，陛下已乘舟由海道南下，太子殿下也于小路脱身，应数日内可到崇明岛。"

此言一出，史可法和众幕僚又悲又喜。悲的是崇祯帝南下，自是北京沦陷；喜的是天子无虞，太子平安。江南地广人多，赋税丰厚，届时皇上坐镇南京，挥师北上，必可收复北方的沦陷之地。

史可法想到此处，内心稍定。经过了两个月的焦虑不安后，他心中第一次因崇祯平安的消息而涌出喜悦之情。他当即命刘肇基率一队舟师沿江先行，往崇明岛候驾，然后坐于桌前，提笔给南京詹事府詹事姜曰广等人去信，告知皇上正从海道南下，拟入留都之讯。

3

第二日，暴雨骤停，史可法欣喜无比，对应廷吉说道："昨日得圣上南狩之讯，今日便雨停日出，岂不是天意？哈哈哈！"

应廷吉也微笑说道:"待大人迎得天子,南京必然沸腾,大人之功,便是首位啊。"

史可法摇摇头,敛笑叹道:"如今北方沦陷,谈什么首功?本官只想迎得天子,即刻率军北上,收复京师!"他停一停,又继续说道:"大军舟船可已备好?无论如何,今日必得拔营,沿江以迎天子。"

应廷吉说道:"史德威将军素来果断,大人稍待,我料不出两个时辰,大人便可上船了。"

史可法微微点头,内心又涌起一阵苦涩,不知见到圣上,天子是否还是五年前见到的模样。他缓缓摇头。五年时间非短,大明内忧外患,又经历这番磨难,只怕圣上容颜已是大改了。

史可法走出军帐,见全营将士因得知崇祯南下而士气大振,心中颇感安慰。他素来爱惜军士,有不少人上前询问圣上是否果真南下。史可法微笑应答,一直走到江边。

长江上已是大船林立。数日前渡江所用的船只已返回一大半,被暴雨冲毁的也有不少。史可法已命人修复。此刻见江中飘满大明日月旗,一艘艘船舰整齐停靠岸边，日映江中，喧声鼓沸，方才的一些忧虑和忐忑渐散，恨不得大军立刻上船，沿流东下。

巡视未毕，忽听得一阵马蹄声传来。史可法循声望去，见不远处史德威正率数骑奔来。

史可法看得分明，史德威满脸是汗，神色颓丧，若非大事，自己这员副将绝不至如此模样，内心不禁陡然一沉。

史德威到得近前，翻身下马，单膝跪地，竟是眼中滚泪，喊道："大人！不好了！"

史可法脸色一变，说道："何事惊慌？！"

史德威站起身来，挥手对身后人说道："带魏大学士上前。"

此刻身边军士颇多，很自然地让出一条通道，史可法尚未反应过来"魏大学士"是谁，就见史德威身后的两名军士已一左一右，架着一蓬头垢面之人过来。那人一见史可法，双膝跪倒，号啕喊道："尚书大人！"一言未毕，已痛声大哭。

史可法细细一看，吃惊道："你是……是魏炤乘魏大人？"

那人哭道："正是魏炤乘，尚书大人，陛下、陛下他……"

魏炤乘担任过东阁大学士，后被弹劾去位。史可法在京城时与其虽有交往，却是不多。他从京城而来，自是比流民更知京师真相。

史可法当即跨上一步，说道："陛下现在如何了？"

魏炤乘泪水不止，继续哭道："京城已破，陛下宾天了！"

史可法猝闻噩耗，"啊"地一声长呼，双臂提起魏炤乘，喝道："你说什么！陛下不是已海道南下了吗？你，你，你敢胡说八道！"

魏炤乘继续哭道："尚书大人，我从京城徒步月余，就是想赶来报讯，三月十八日贼兵破城，十九日陛下煤山自尽，殿下及永王、定王都被贼兵俘获了……"他说不下去，再次号啕起来。

史可法如闻霹雳，浑身发抖，双眼泪水，竟不知何时涌出。

旁边史德威、应廷吉及数百军士俱是一言不发，只望着史可法，片刻前还一片喧哗的江边竟只

史可法惊闻噩耗，万念俱灰。

有魏焰乘的哭声，所有人都屏住了呼吸。

史可法艰难转身，一步步挪向江中大船。

谁也不敢跟史可法前行。所有眼睛看着史可法缓步登上船只，又慢慢转身。

史可法面朝北方，双膝下跪，三叩之后，蓦然仰天大喊一声："陛下！臣发兵迟了！"说罢，只见史可法站起身来，对住船上大柱一头撞去。

鲜血四溢。

史德威等人一阵惊呼，奔向船只……

举棋不定

1

一声呻吟后，史可法睁开了眼睛，只觉头痛欲裂。

眼前恍恍惚惚的人脸逐渐清晰起来。

史德威急声喊道："大人！大人醒来了！"

应廷吉、王秀楚、刘肇基、汪思诚等人此时都围在床边。

史可法看得清楚，这些跟随自己多年的文官武将个个脸上涕泪未干。

史可法挣扎了一下，摸摸头上痛处，看过众人，低声问道："魏大学士呢？让他进来。"

史德威低声说道："大人自己保重，魏大学士长途劳累、透支过度已经去了。"

史可法眼中泪水滚动，双手握拳，痛声说道："你们为什么要救我？能追随圣上而去，我也算是死得其所了。"

应廷吉缓声说道："大人此言差矣，如今圣上宾天，天下无主，大人乃南京首臣，下一步该当如何，诸位大人都翘首以望，大人若寻短见，不是追随天子，是辜负天子啊。"

史可法闻言，猝然一惊，立刻翻身而起。

众人大惊，史德威说道："大人流血甚多，且休养数日。"

史可法扫视了一眼众人，目光落在应廷吉身上，对他说道："廷吉之言甚是！如今天下无主，万民涂炭，本官若追陛下而去，不过一了百了，而大明百姓又该当如何？岂能因这区区伤口，耽误天下大事！"说罢，再次翻身，传令升帐。

军中文官也好，武将也罢，见帐中端坐的史可法头部血迹殷然，都不禁恻然。

史可法连声下令，第一是为崇祯发丧，第二是立刻赶制白旗，全军以白绫系腰，以为缟素，第三是即刻派人往南京报讯。

看着众人出帐后，史可法禁不住双眼再次流泪，喃喃说道："陛下、陛下，臣定当挥师，收复北方！"

2

五千军士，个个腰缠白绫，军中大旗俱白。

史可法再次阅兵之后，留汪思诚在浦口治军，自己带领应廷吉等文武官员及一支亲兵返回南京。

南京城内，早已哀声遍处。

留守南京的户部尚书高弘图、兵部侍郎吕大器、右都御史张慎言、詹事府詹事姜曰广等重臣都身穿丧服，出郊迎接史可法。几位大臣相见，又是一番痛哭。

为崇祯祭奠完毕，高弘图走到史可法身边，低声说道："史大人刚回南京，甚是疲倦，原不敢相邀，但眼下事太过紧急，可往敝处一聚？"史可法见高弘图神情甚殷，点头应允。

到高弘图府中之后，吕大器、张慎言、姜日广三人已在府中等候。

三人见史可法进来，起身施礼。史可法心知高弘图有大事相议，说道："刚刚与众位大人分开，又来此来见，所为何事？"

吕大器为兵部侍郎，素与史可法亲近。他当下拱手先说："眼下实为天下要事，请尚书大人定夺才好。"

"哦？"史可法看看众人，眼光落到吕大器身上，问道："吕侍郎直言无妨。"

吕大器脸色端凝，说道："史尚书，如今圣上宾天，贼兵势大，国不可一日无君，如今首要之事，便是立下新君，不知大人可有所想？"

史可法闻言，伸手捻捻胡须，说道："从浦口回南京的路上，本官就在细思此事。"他抬头扫视众人，说道："诸位大人有何策议？"

高弘图开口说道："尚书大人，立新君，复失地，须立刻着手。新君早立，江南便可早日安定。"

史可法点头道："不错，当务之急便是早立新君。"他再看看众人，说道："几位大人是否有了人选？是福王、潞王、桂王、还是惠王？"

这次开口说话的是詹事府詹事姜曰广："史大人，下官觉得，当立潞王为宜。"

史可法眉毛微动，缓缓说道："潞王乃先帝神宗之侄，若以伦序而言，当立神宗之孙福王方可，不知几位大人为何舍孙立侄？"

右都御史张慎言拱手说道："尚书大人，如今京城失守，天下震荡，立谁为君关乎海内万民。下官直言，史大人勿怪。"

史可法摇手说道："事关天下，正需直言。"

张慎言将身子朝史可法靠近，正色道："尚书大人明鉴，福王虽亲，却是不贤，潞王虽疏，却是贤名在野。以今日危势，应立贤为上，立亲为下，否则朝廷动乱，江南岂不危哉？"

史可法皱眉沉思，四人所言，句句是理。在史可法内心，也觉得张慎言话虽不多，却是说中要害。如今崇祯自尽，北方被李自成控制，江南人心惶恐，极惧李自成挥师南下。有此情形，不论"立亲"还是"立贤"，确需当机立断。身为南京首臣，史可法深知自己的决定关乎江南半壁江山能否撑起危局之事。

史可法缓缓点头，又沉思片刻，对四人说道："此事甚大，容本官仔细想想。"

高弘图拱手说道："我们就等尚书大人的决定了。"

3

当夜，史可法在书房踱步思索。

高弘图、吕大器、张慎言等人所言，与史可法内心所想颇为吻合。潞王朱常淓乃神宗之侄，在国家危难时，曾挺身而出，又在自绘画、音律、书法等方面有颇高造诣，素有谦和之名，若为新君，颇能获得民心。此时，崇祯死讯已然传遍江南，吕大器说得不错，"国不可一日无君"，尤其北方沦陷，南方更应速立新君，安定天下。而且，高弘图等人不仅同为南都重臣，还有一致的东林党人身份。史可法之师左光斗也是东林党重要成员，史可法对东林党人素来敬重，是以高弘图等人所议，颇合史可法内心所想。另外，人在常熟的礼部侍郎钱谦益名满天下，在东林中被视为不二党魁。高弘图等人今日所议，未尝不是出自钱谦益之授。

但若依靠东林党，一意孤行立下潞王，朝中其他大臣会如何以为？

桌上油灯闪烁。史可法看向桌上堆放的厚厚文牒，这些都是自己渡江之后，南京及各地官员所呈。他走到桌前，顺手将最上一封文牒拿起。

该文是淮安巡抚路振飞所呈，史可法打开一看，心内一惊。原来早在自己渡江翌日，淮安便已收到北京失守的讯息，路振飞文牒中直言崇祯若崩，则"伦序当在福王，宜早定社稷主"。史可法眉头皱起，再看下面文牒，是给事中李清、章正宸等人所上，均言当以伦序为先，立福王监国，人心方定。此外，凤阳总督马士英也有文牒，力主福王为监国。

史可法将文书放下，长声一叹。

他白日没有即刻答应高弘图等人立潞王之议，便是心中有所顾虑，几个藩王当中，立福王才是依序从伦。潞王再有贤名，辈分却比崇祯还大上一辈。崇祯三子皆沦于李自成之手，若有一人在此，立为新君，自无异议，偏偏他们生死不明，江南如不早定天位，南都便无朝廷，无朝廷便无可号令天下。按神宗嫡支而言，立福王自是顺理成章，偏生朝中重臣无一人赞成。史可法也不乏顾忌，毕竟，福王之父朱常洵外出为王，便是当年东林党人以伦序之由，反对立其为太子，神宗才被迫传位光宗。如今承袭福王爵位的朱由崧若被立为监国，只怕对朝中东林党极为不利。高弘图等人虽未明言，史可法对此倒是看得一清二楚。不错，史可法身为左光斗弟子，也有不欲立福王的心思，但若违反伦序，立下潞王，又恐朝野未稳之余，再添一番震荡。

想到此处，史可法不禁左右为难。双方势力都不小，各有各的理由。史可法走到窗前，推窗望远，天空星月全无，他要的答案隐藏在无边无际的黑暗当中。史可法沉吟良久，心中忽然另有一想，如在南京下不了决心，地方官员会是如何？而且，兵部四月初一往各镇发出檄文，五日内竟然只到五千军士，说明各镇对军令已在抗拒。若监国立下，岂可不发兵北上？到时各镇依旧不从军令会是如何？

　　种种问题交织，史可法心中忽然一动，在刚才所见文牒中，节制三路总兵的凤阳总督马士英的名字浮现了上来。

浦口密约

1

第二日，史可法坐于府中，将连日来的各部文书逐函细读。

史可法每看一封，都不由眉头微皱，陷入沉思。

午后，兵部侍郎吕大器再次登府，他双手递过一封文书，说道："尚书大人，此乃高大人、姜大人和张大人联名所呈。"

史可法轻声一叹，接过文书，展开浏览。

不出意料，果然是高弘图等人再次联名举潞王朱常涝为监国，另写有福王不可立的七条理由，乃是"贪、淫、酗酒、不孝、虐下、不读书、干预有司"。

史可法合上文书，抬头凝视吕大器，说道："朝中诸位大人都觉福王不可立，可若立下潞王，也有不少大人非议，真乃万难之事啊。"

吕大器拱手说道："尚书大人有何决定？"

史可法站起身来，背手踱步，忽然站定，派人传史德威来见。

过得半炷香工夫，史德威走进史可法房间，施礼说道："大人召见，有何指令？"

史可法将桌上一封封好的函件拿起，递给史德威说道："德威，此乃我刚写密函，你速备快马，前往凤阳。记住，此函关系重大，你得亲手交与马士英。我两日后动身，前往浦口。"

史德威说声"末将遵令"，伸手将信函接过。抬头见史可法神情忧虑，忍不住问道："大人去浦口……"

史可法眉头微皱，说道："马士英大人见函，会与你同往浦口，我需与马大人面议。快去吧。"

史德威再次说声"遵令"，将信函入怀收好，转身出去。

史可法看着史德威走出，仍是眉头紧皱，嘴里喃喃一句"凤阳，太祖之地……"

2

史可法第二次到达浦口。

十余日前，他率领五千兵士准备北上勤王，此刻却只带十余名亲兵。

当地官署见官位居首的兵部尚书亲来，急忙迎接。史可法嘱咐不可声张，又命若是马士英到来，即刻让他来见。

再等一日，凤阳总督马士英应约而来。

史可法命马士英随从及陪同而来的史德威门外候命，房间内只剩史可法和马士英两人。

马士英乃地方官僚，哪里料到高居兵部尚书之位的南京首臣史可法会亲自来函相召，惊喜赴约。

马士英等史可法先行落座后，才在下首落座。

史可法双目炯炯，凝视马士英，缓缓说道："马大人，时间紧迫，本官就开门见山了，史德威将军带去的信函，马大人可看过了？"

马士英赶紧起身，躬身说道："尚书大人信函，下官已字字拜读。"

史可法抬手说道："不必拘礼，马大人且坐。"

看着马士英坐下，史可法才又接着说道："如今南京重臣，欲立潞王监国，可依伦序，当立福王。马大人地方重臣，不知是何所想？"

马士英又欲起身，还是身子一动，继续坐在椅上，拱手说道："史大人，下官拜读大人之信，所言福王，有七不可立，下官与大人，同样看法，只是这潞王……下官……"

史可法见他犹豫，缓缓说道："马大人不妨直言。"

马士英眉头一皱，说道："下官浅见，潞王……也不可立。"

史可法脸色如常，声音始终缓慢，"潞王如何不可立？"

马士英此刻渐渐大胆，说道："史大人，若立潞王，不仅是舍孙立侄，更是舍亲立疏，大人请想，潞王乃穆宗之孙，福王乃神宗之孙。神宗在位四十八年，德系人心，立神宗之后，自会顺应民心。高大人他们虽想立潞王，其他大臣未必如此，南都若不同心协力，如何能收复北方？"

史可法捻捻胡须，缓缓说道："马大人觉得福王不可立，潞王不可立，那同为神宗之后的……桂王如何？"

马士英眼珠飞快地瞟了一眼史可法，见后者神情虽是没变，但这句话说出时却微微抖颤，当下双眉一聚，低声说道："尚书大人之意，桂王与福王都乃神宗嫡支，如今福王有七不可立，桂王却是没有。若立桂王，下官以为，不失为折中之策。高大人他们没什么伦序可作挑剔，其他想立福王的大臣，也不会觉得桂王乃疏。下官以为……"他又抬头看一眼史可法，轻声续道："可取。"

史可法脸色柔和，缓缓点头，说出八个字，"以亲以贤，惟桂乃可。"

马士英拱手道："尚书大人高见。"

史可法脸上微笑，站了起来。

马士英也赶紧跟着站起。

史可法走到窗前，推开窗子，外面是浩荡滁河，缓缓东流。史可法凝视片刻，转身说道："马大人，今日所议，不可透露。本官即驰书南京，命礼部准备乘舆法物，前往广西，迎桂王来京。监国一立，马大人功劳不小。"

马士英躬身说道："全赖尚书大人主持。"

史可法眉峰微立，说道："待桂王抵京，便是立监国之日。本官欲尽快挥师北上，收复失地，马大人部下总兵，可驻扎待命。"

马士英闻言，顿时明白史可法为什么屈尊来浦口与自己见面了。说到底，无非是兵部尚书看中自己手下几位总兵军力。不过，对马士英来说，这倒是更为振奋，若自己能因此得史可法全盘信任，又有拥立之功在手，何愁不一步登天，入南京为官？当下恳声说道："尚书大人之命，下官自当遵从。"

直到此刻，史可法心中方定，说道："既如此，就请马大人速回凤阳，整顿军马，本官先且在此治军，候广西之音。"

马士英躬身拱手，"下官遵命。"他一边说，一边忍不住微笑起来。

风云突变

· 1

有了马士英的明确支持，史可法悬了数日的心终感踏实，再次驰书南京，其手书所写，便是提议立桂王为监国，同时命礼部派人入广西迎接桂王。

王朝在北方沦陷，仍在南方得以赓续，历史上不止一次发生，当年司马睿南渡，于建邺（今江苏南京）建立东晋，是为一例；大宋北方沦陷，康王赵构于应天府（今河南商丘）开创南宋，又是一例，如今轮到大明王朝在南方延祚，似是天意轮回。让史可法放心的是，和司马睿、赵构相比，将要登上监国之位的桂王朱常瀛有绝大优势。彼时的司马睿和赵构都如丧家之犬般逃至南方，在手忙脚乱中仓促登位，如今南京六部如常，江南人心虽惶，但只要监国一立，朝廷就会比东晋、南宋更快地进入正常运转之中。

如史可法所料，高弘图等人接到史可法手书之后，都认为桂王可立。史可法不在南京，高弘图便对姜曰广等人说道："史大人命我们即刻着礼部准备法舆，往广西迎驾。"

姜曰广点头说道："盼桂王早来，朝廷便可筹饷整军，北上击贼了。"

几人谈得兴奋，均有大明将起死回生之感。

不料，仅过一日，礼部准备尚未完毕，一太监来到高弘图府上，说道："高大人，韩公公召见，命六部群臣齐往内守备府议事。"

太监所说的"韩公公"是南京守备太监韩赞周。所谓内守备府，便是韩赞周府邸。

大明一朝，南京六部与北京六部形成对应，不同的是，北京六部乃名副其实的中央权力机构，南京六部官员的地位虽不低于北京，却无一部一人能参与决策，只有北都不存，南京六部才可正式行使中央权力。南京首臣即兵部尚书，而就明朝制度而言，南京守备太监的实权不低于兵部尚书，所以高弘图得知守备太监韩赞周召六部群臣入府时，不免诧异，尤其在接到史可法来信，并与六部议定立桂王监国的关键时刻，守备太监相召，决不会与此事无关。

高弘图心中涌上不祥之兆，随即又想，史可法欲立桂王之意，既能手书告知六部，也必然告知了韩赞周。在他眼里，若六部大臣都同意桂王监国，韩赞周未必会提出异议，更何况，韩赞周素来忠心明室，应不会节外生枝。

高弘图虽有此想，但韩赞周召六部群臣前往内守备府群议，实乃南京史无前例之事。所以高弘图出门上轿之后，内心仍是阴云密布。

2

而这阴云终究带来了最坏的结果。

高弘图无论如何也想不到，待六部群臣进入内守备府后，韩赞周未加多言，只命人将手中一封书信传阅诸人。

信函执笔人正是凤阳总督马士英。

来信简明扼要，马士英以凤阳总督名义，联合部下高杰、黄得功、刘良佐三位总兵，护送福王朱由崧到达仪真（今江苏仪征），宣布拥福王为监国，并明确告知，南都有人欲立潞王或桂王，为防止意外，已统兵五万、战船千艘，陈师江北，以随时防备意外之变。

高弘图看完信件，只觉眼前一阵发黑，顺手将信递给了姜曰广。当他抬起眼时，见韩赞周脸上漠然，如塑像般坐在椅上。高弘图头脑欲裂，双耳嗡嗡直响，群臣有些什么争执，似乎句句在耳，又句句难以听清。待他终于清醒过来时，只见吕大器站在室中，愤然道："马士英不过凤阳总督，如何敢做如此僭越之事？我吕某决不答应！"

高弘图闻言，木然望向吕大器。

只听得吏部给事中李沾起身而立，冷冷答道："不答应？吕大人，马总督大军在前，此事若有异议，只怕便是不归之路！"

吕大器怒道："何谓不归之路？"

此时张慎言已然起身，挥手止住争论，说道："诸位大人无需再议。依我来看，福王监国，乃是不可更弦之事。"他看向高弘图，缓声说道："高大人意下如何？"

高弘图讷讷道："不知史大人可知此事？"

这时韩赞周慢慢起身，手中拂尘一抖，冷冷扫视室内众人。所有议论声都不由停止，只听韩赞周慢慢说道："咱家只有一言，福王也好，潞王也好，桂王也好，都是太祖血脉相传。如今凤阳总督已护送福王至仪真，咱家将亲往浦口迎王，诸位大人也与咱家一并而行吧。今福王乃神宗之孙，伦序当立。只待江南有主，君臣便可齐心协力，若还三心二意，如何对得起先帝？"

韩赞周此言一出，室内一片寂静。

高弘图看着韩赞周，后者的眼光漠然，继续说道："福王数日内将至浦口，不如高大人派人先行告知史大人，可别再出什么乱子才好。"

3

几天后，四月二十九日上午，南京城外燕子矶头，惊涛拍岸，浪潮如雪，岸上旌旗林立，不计其数的官绅百姓在岸边翘首以待。

远见数艘大船顺江而下，每艘大船都安置数十面大鼓，江上万鼓齐鸣，实有惊天动地之威。

一条条大船靠岸。从最庞大的一条船上，万众期待的福王终于现身了。

"福王监国！福王监国！"岸边万人伏地，同声呐喊。

有人忍不住抬头去看，只见船头站立之人身形甚伟，头戴角巾，布袍葛履，手摇一把白竹扇，随手挥动，隐有名士陇亩之风，不禁俱生好感。同时也有人看见，在福王身边侍立的，正是南京兵部尚书、参赞机务史可法。

福王并未登岸，一条巨大的舫板从船侧搭到岸上。

早在等候的南京各部官员列队而上，于船头拜见福王。没资格上船的官员和民众都看得清楚，福王似乎不欲上岸，只在船头与登船官员说得几句，然后就退入船舱。

史可法脸无表情，显是万般无奈。数日前，他已得知马士英为何突毁密议。原来马士英从浦口回到凤阳之后，发现凤阳守备太监卢九德已与总兵高杰、黄得功、刘良佐三人议定，支持福王监国。卢九德曾在北京侍候过老福王朱常洵，与福王一家有着紧密的关系。当朱由崧得知南都拟立监国，争议颇大，他不甘心败于潞王之手，便急速派人联系上卢九德。后者自然希望福王登位，当即趁马士英离开凤阳，与三总兵密议。对总兵高杰等人来说，他们不过是李自成手下败将，一路南窜，自知有罪无功。三人担心史可法追究败兵之责，知道只有立下万载难逢的"拥立定策之功"才能有出路，当下一拍即合，决定以武力支持福王登位。

见手下总兵已投向福王，马士英心知若遵守与史可法的议定方案，自己得到的唯一结果就是被排除在权力中心之外，有高杰等人的军力支撑，福王监国势成定局，他自不肯放过取悦朱由崧的千载良机，当即与卢九德、高杰、黄得功、刘良佐等人在凤阳皇陵前起誓拥戴福王。事情的发展也果然如此，北方大乱之际，手无兵权的南京诸大臣只得被迫屈服。

在船上待得两日，福王终于在五月一日登岸，史可法等六部大臣相陪。福王先在三山门外拜谒孝陵、奉先殿，然后由朝阳门进入南京。

当日，群臣朝中叩拜，商议南都下一步是战是守。史可法定下心神，向福王直接陈述，现下应出师九征，为先帝报仇。福王闻言，却是一声不吭。诸臣见福王神情疲惫，匆匆散朝，福王往韩赞周的内守备府暂住。

史可法忧形于色，回府后坐入书房，一盏油灯，竟是终夜不熄。

福王登基

1

天蒙蒙亮了。

史可法在书房中终于想要起身，门外忽然传来敲门声。

史可法艰难说声"进来"之后，房门一开，进来的竟然是母亲尹氏。史可法赶紧起身，躬身说道："儿子还未及请安，母亲如何这般早？"

尹氏对搀扶自己的丫鬟说声"你先到外面等候"。待丫鬟应声出房，顺手关上门后，尹氏凝望儿子，说道："儿啊，一夜没睡吗？"

史可法一声长叹，扶尹氏坐下后问道："母亲有何吩咐？"

尹氏坐在椅上，眼神不无怜爱地看着史可法，慢慢说道："为朝廷之事，你夙夜操劳，听说如今福王将要监国？"

史可法在母亲身前站立，说道："正是。"

尹氏凝视史可法良久，方慢慢说道："不知儿子为何忧虑到整夜不睡。但不论因为何事，你一定得知道，如今南都将有监国，便是江南有了指望，大明江山有了指望。"

史可法垂手说道："儿子知道。"

尹氏站起来，慢步到史可法桌前，看着桌上的**厚厚文牒**，伸手抚摸，继续说道："我知你所想甚多，看你脸上，颇有悔恨之色。我不懂朝廷之事，也不想问你为什么。可有一件事，我从未与你说过，此刻想与你说说。"

史可法见母亲看向自己的眼神明亮，不觉道："母亲请说。"

尹氏脸上微笑闪现，又很快隐去，还是声音很慢地说道："当年老身怀你之时，梦见南宋忠臣文天祥入舍。文丞相孤忠大节，扶颠持危，最后舍生取义，千古流芳。儿啊，如今我大明社稷倾危，老身惟愿你与文丞相一般，牢牢记住‘大节’二字，其余之事，无需多思，如此才可将毕生之志，用于今朝。你可懂？”

史可法闻言，不由浑身大震，心头缭绕的阴云倏然拨开，他向母亲深深弯腰，说道：“母亲大人教诲，儿子铭记。”说罢抬起头来，脸上的疲倦与忧患已全然皆无。

2

虽然一夜未睡，来到宫中的史可法却是精神焕发。群臣也先后而来，众人见到首臣，均上前施礼。史可法一一回礼，几句客套话间，总觉今日群臣模样有些古怪，随即一想，如今福王已至，众人颇多感触，也是自然，自己若不是一早听了母亲一番言辞，岂不也是一副心事重重的古怪模样？

步入朝中，群臣躬身施礼之后，史可法还未及出班，右都御史张慎言已抢先站出来说道：“下官有言，想交与朝议。”

福王正襟危坐，说道："右都御史请讲。"

张慎言看过史可法一眼，才声音洪亮地说道："如今天下无主，下官奏议福王，宜速登天子大位。"

史可法闻言，不觉一怔。身为东林党的张慎言一直力主潞王监国，如今福王方至，便立刻建议即刻称帝，显是极怕福王知道自己曾有过立潞王之想。史可法内心一叹，随即出班说道："从速登基，下官以为不可。如今太子殿下生死未卜，如福王登基，太子殿下若日后到了南京，该如何安排？福王今日，宜领监国之位。"

诚意伯刘孔昭出班说道："尚书大人此言差矣！下官倒是觉得，张都御史言之有理，福王宜速登基，今日若定，谁敢更改？"

史可法眉头一皱，缓缓说道："监国乃行天子之事，暂缓数日登基，对天下有利无害。"

张慎言与刘孔昭对望一眼，正欲说话，御史祁彪佳已站出说道："史尚书之言甚是。福王今日宜登监国，让天下臣民先睹监国的贤德之行，自上下同心，然后挥师北上，以示南都无私，众将士也将用命，然后择出吉日，再登大宝，布告天下。"

张慎言冷冷说道："祁御史之意，是福王无贤德登基？"

祁彪佳不由眉头一竖，怒道："张大人此言何意？"

张慎言尚未回答，一旁的吕大器忍不住了，站出说道："下官赞同祁御史之言。"

群臣各执一端，史可法看在眼里，不觉暗暗吃惊，尤其见原本赞成潞王监国的大臣们此刻最是赞成福王登基，心内陡然涌上一股悲凉。

一直不吭声的福王开口说道："诸位大人且听本王一言。"群臣顿时息声。

朱由崧起身说道："本王自洛阳而出，于浙东避难，岂敢觊觎神器！再者，人生以忠孝为本，今本王大仇未报，乃是不能事君，父遭惨死，母无消息，乃是不能事亲，忠孝未尽，断无登基之理。本王倒是觉得，史尚书之言甚为有理，太子殿下生死不明，若是到了南京，自然是太子登基，本王今日只为社稷而想，便是监国之位，尚有本王三位王叔在世，还请诸位大臣择贤而立。"

史可法当即躬身说道："福王之言，乃顺民心。只是监国之位，非福王不可。"

众大臣跟着说道："监国之位，非福王不可。"

当日回内守备府后，朱由崧召来韩赞周，冷冷看着后者拜过之后才说道："今日史尚书在朝堂上不欲本王登基，说什么太子殿下会来南京，那他去浦口迎接本王，却又是何意？"

韩赞周见朱由崧言辞不善，脸色阴沉，当即躬身说道："依奴才来看，史大人素以国事为重，光风霁月，他考虑的或是天下人的想法。"

"天下人的想法？"朱由崧一声冷笑，站起身来，张开双臂说道："待本王登基，本王就是天下！到了那一日，再看他是如何为天下着想！"

韩赞周躬身拱手，不敢接言，心中不禁为史可法暗暗担心。

3

第二日，即五月三日，福王领监国位。只过得十二天，经群臣三次进劝，福王于五月十五日壬寅辰时，在重建的武英殿正式登基称帝，诏以明年为弘光元年。

又五天后的五月二十日，南京郊外，史可法与一众大臣围桌而饮。

史可法端起面前酒杯，朝众人团团一揖，说道："前日本官陛辞，今日渡江督师，朝中大事就仰赖各位大人了。本官先干为敬！"说罢，史可法仰脖将酒一口喝干。

高弘图慢慢喝下半杯，叹息道："尚书大人今日渡江，朝中之事，尽可放心，高某与众人一定齐心协力，辅佐天子。"

姜日广端起酒杯走到史可法身边，眼中闪动悲愤，说道："史大人，如今马大人任入内阁大学士，我……"

史可法挥手打断道："姜大人慎言，马阁老因功入阁，岂有他哉？天子刚刚登基，事事需赖六部，还望诸位多多保重。"然后再次起身，又端起酒杯，对众人说道："史某心中所盼，只是早日收复北方，使大明江山永固！"

众人闻言，不觉齐齐起身，同声说道："大明江山永固！"

史可法面露微笑，再不多言。昂然走到一军士牵住的马匹旁，踏镫上马，身旁史德威、刘肇基、于永绶、李栖凤、卜从善、金声桓等人先后上马相随。

史可法飞起一鞭，更不回头。

史德威见史可法走在前面，对众人说道："我先追上督师。"说罢，紧抽一鞭，直追上去。其余人素知史可法对史德威犹如对子，觉得让史德威先行追上也好，便扣辔缓蹄，与随同的三百川兵步行。

史德威催马赶上史可法，说道："督师，末将有言。"

史可法勒住马，回头见余人较远，侧头看着史德威说道："德威何事？"

史德威说道："末将听闻，马阁老将督师写给他的信函交与天子，其心可憎！"

史可法眉头一皱，缓缓说道："当日我信中言福王有七不可立，如今天子既已登位，便无需多言。我唯一所求，便是朝廷能安，北方能复。"他凝视史德威，微笑续道："昨日之言与今日之语，都只为社稷，本督无愧于心。"

史德威心中一凛，不由拱手说道："督师之心，天地可鉴，末将誓死追随。"

史可法内心如何不知史德威所说之事委实严重。他当日白纸黑字，将福王七不可立之言交与马士英，此刻来看，无异将自己把柄主动交到对方手上。在弘光登基翌日，马士英自请入朝，入阁主政。在弘光帝那里，自然对马士英拥兵支持而心存感激。当马士英提出江北不可缺重臣督师之际，史可法如何不知马士英言下之意？当下自请出朝，渡江督师。群臣无人不知，史可法此举，无论被迫与否，都是让出了朝中大权，让马士英成为弘光帝最为倚重的首席之臣。

史可法停住马，待众人上来，扬鞭说道："今日前往之地，便是我等效命之所。"

刘肇基和众人互望一眼，拱手说道："史大人，恕末将多言，四镇总兵虽经大人和高大人之荐，封伯的封伯，晋侯的晋侯，可高杰、黄得功、刘良佐乃马士英部下，刘泽清也有'定策之功'在手，末将担心他们会不听调遣。"

史可法勒住马，眼望北方，缓缓说道："三国诸葛孔明，鞠躬尽瘁，南宋文天祥，大义孤忠，今日本督心里，也只有这满腔之血！担心无用，我们先且渡江。"

内忧外患

1

渡江之后，史可法率众东向，往仪真而去。

仪真位于南京以北，扬州以西，南临长江，与镇江相望。

看看城垣将近，史可法想起数十日前，当时的福王、如今的天子，便是在此处得马士英部下总兵黄得功相助，拥兵前往浦口，不由喟然一叹。自己来回奔波，唯一所盼，便是明室中兴，收复北方，不料短短数十日，风云骤变，自己被排斥在外，马士英摇身成为内阁大学士，名义上的官衔虽不如自己，实权却是超越不少。其部下黄得功、刘良佐、高杰及山东总兵刘泽清现分驻仪真、寿州、泗州及淮安，称淮、扬、泗、庐四镇，以为南京屏障。史可法名为四镇督师，实不知这四镇总兵会不会遵令而行。

远远见仪真城外有数百人马列队，军旗林立。

史可法等人也不催马，仍是按辔徐行。

对面的人马却迎面提速。

当先之人全体披挂，虎体狼腰，虬髯满面，显得极是魁梧，高声说道："前方可是史督师？"

史可法催马上前，说道："正是本督，来人可是靖南侯黄将军？"

来将翻身下马，拱手说道："在下正是黄得功，闻得督师前来，特来迎候。"

当下黄得功将史可法一行迎进城内官邸，摆宴席接风。

黄得功原本行伍出身，在与农民军的交战中，积功升至庐州总兵，后随马士英平定河南永城叛将刘超，受封靖南伯，此次因有"拥立之功"，史可法提议加封其为靖南侯。得知史可法前来仪真讯息后，黄得功亲自出迎。

史可法见黄得功对己言辞客气，心下稍慰。

黄得功说道："黄某蒙督师大人提拔，感激不尽，督师大人有何差遣，只管吩咐。"

史可法微笑道："有黄将军这句话，本督就放心了。如今北方动荡，贼兵横行，黄将军战功卓著，今日更为朝廷重臣，还望多为国用才是。"

黄得功端起酒杯，说道："只要督师大人下令，黄某部下的五万大军，任凭督师调遣！"

史可法微微点头，说道："黄将军深明大义，本督与将军干了这杯。"

当晚宾主尽欢。史可法回房之后，心中安定，原以为黄得功为马士英部下，又有"拥立之功"在手，只怕会骄横自傲，对己刁难，如今见黄得功气概威武，直言将奉令而行，不觉有心中松了一口气。

回房后，史可法秉烛读书，思绪如潮。

看到半夜，门外有人敲门。

史可法说声"进来"，房门一推，进来的是史德威和从京城赶来的应廷吉。

史可法见应廷吉到来，心中一喜，起身说道：

"廷吉来了！好，好！"

他转眼见应廷吉脸上神色忧虑，不由喜意顿消，待其坐下后问道："廷吉有何事情？"

应廷吉叹息一声，拱手说道："史大人，朝中不妙啊！"

史可法一惊，忙问："朝中出了何事？"

应廷吉眉头不展，说道："史大人曾向陛下荐用前大学士吴甡，被刘孔昭以先帝所定罪臣之名否弃。大人离京之后，张慎言又向朝廷举荐吴甡，不料，刘孔昭反说张大人意欲结党营私，还说'定策'之时，张大人怀有二心，无奈之下，张大人只能回避了事，没想到，御史王孙华第二天上奏弹劾刘孔昭，二人在陛下面前争吵，结果刘孔昭竟然在陛下眼前拔刀欲杀张大人。如今群臣灰心，张大人和高大人、姜大人上疏辞官，想要离朝了。"

史可法闻言，脸上不禁一片怒色，厉声说道："刘孔昭竟敢在陛下前如此妄为？"

应廷吉摇摇头，继续叹道："刘孔昭和马士英刚在朝中挤走史大人，又想逼走高大人他们，还举荐阉党余孽阮大铖。我看这朝廷刚立，就如此这般，唉！"

史可法双眼圆睁，脸色痛苦，跺足道："朝廷方立，正是用人之际，如今吴甡才德卓著，朝廷不用，反用逆案之人，这、这……岂不是取祸之道？"

应廷吉和史德威见史可法怒形于色，只互相摇头，默不作声。

史可法重重一叹，转桌后落座，挥笔上疏，写毕之后，命史德威连夜派人送往京师。

2

翌日清晨，黄得功亲自前来史可法处问安。

见史可法神情疲倦，黄得功问道："督师大人昨夜似是没有安睡？"

史可法勉力微笑，说道："无妨。"

黄得功自然知道，昨夜应廷吉抵城，必然有事，他也不想多问，遂说道："可需黄某派人送督师前往扬州？"

史可法摇了摇手，答道："本督陛辞出京，圣上有旨，命本督先祭告凤、泗二陵。本督先且往凤阳，再往泗州。"

黄得功眉头微皱，说道："凤阳乃广昌伯刘良佐驻地，泗州乃兴平伯高杰所辖，兴平伯桀骜不驯，督师大人多多留意才是。"

史可法目光坚定，说道："如今天下势危，天子方立，南京所需，乃四位总兵同心协力。领兵之人，性格各异，本督会一一与他们见面。大义在此，本督倒是不信，会有何人敢拒朝廷之命！"

看着史可法一行往凤阳方向而去后，黄得功等人勒马而回，其部将田雄策马身边，颇为不屑地说道："黄将军，末将看督师，不过一无用书生，要将军听他指挥，嘿嘿，只怕他少了些本事。"

黄得功抬头看天，说道："就让他高兴两天，本将军可没时间与他周旋。"他侧过头，看着田雄问道："高杰那里有什么动静？"

田雄答道："今早刚得讯息，高将军由徐、泗向南，一路杀掠，已到扬州城下，黄家瑞和马鸣騄正督民守城，依末将看，高杰早晚入城。"

黄得功冷笑一声，说道："他想入扬州？可得问本将军答不答应！扬州这块肉，怎能落入他人之手！"

田雄说道："那我们即刻起兵？"

黄得功嘴角浮笑，说道："如今不是有了督师嘛，我们先看他如何处置。扬州城高墙厚，高杰不会那么快破城的。"

田雄赞道："将军高见！末将随时派人打探。"

3

史可法在祭告完凤阳、泗州二陵后，在房中秉笔上疏。奏疏中着意强调"若安处东南，不思远略，一隅亦未可保"。史可法写毕，不觉心绪如桌上油灯，总是难以安定。又想到离仪真后、抵泗州前，分别与刘良佐和刘泽清的会面之事。

刘良佐在北都覆亡时，正驻军于河南正阳（今河南正阳县）。马士英四月命其入南直隶，刘良佐率部一路劫掠夺，以致临淮闻刘部将至之时，立刻严城固守。刘良佐勃然大怒，竟下令攻城。若不是马士英再命他移驻寿县，临淮非被其屠城不可。

至于山东总兵刘泽清，史可法想起时，心中不禁更为苦涩。李自成兵渡黄河之时，崇祯曾命其率军护卫京师，不料，刘泽清见李自成大军军威逼人，不战先怯，谎称坠马受伤，按兵不动。当李自成兵入山东，刘泽清的反应是立刻带领主力南窜淮安。而当南京发生监国之争时，刘泽清先是迎合东林党，主张立潞王，转眼见马士英及其部下三位总兵决意拥立福王，也立刻掉头转向，改拥福王。也因如此，这一身负抗旨和南窜之责的总兵非但无罪，还因立有"定策之功"被晋升为东平伯。

曾下令攻打临淮的刘良佐也立同样功劳，被晋升为广昌伯。

史可法想到此处，不禁痛苦摇头，但眼下朝廷所依，恰恰又是这四镇之兵，史可法在与他二人先后见面时，不但无法问责，还不得不温言抚慰。尽管刘良佐与刘泽清都如黄得功一般，声言将奉督师之命，却在答应时显露倨傲之情。史可法料他们不过是嘴上答应，到自己异日驰令之时，未见得二人会应命而行。史可法屈指一算，自己五月二十日渡江，今日已是六月二日，忽忽十二日，虽与三总兵各自见面，奉旨祭过凤、泗二陵，但沿途所见，无不是赤地千里，鸡犬无声。

眼见神州陆沉，却是无兵可用。

走到窗前，史可法推窗望去，黑沉沉的夜幕不知隐藏着多少未卜的凶险。

崇祯龙驭上宾已一月有余，南方至今未发一兵一卒。

任由北方沦陷吗？史可法一边摇头，一边不由发出一声长叹。

敲过二更之后，街上忽然马蹄声响，听到策马人在喊："报——"

出什么状况了吗？史可法等了良久，未见有人前来通报，料想是军营小事，又拿起写好的奏疏，自己再看一遍，并无疏漏。终于满腹心事、脚步沉重地挪到床前，吹灯就寝。

4

第二日一早，史可法刚刚起身。房门叩响，紧接着便是全身披挂的史德威迈步而入。

"督师，"史德威走到史可法身前，双手抱

拳，说道："青州有函而至。"

史可法说道："如此之早，有何要事？"

史德威答道："信乃昨夜二更送达，末将恐大人已然歇息，故今日早些送来。"

史可法眉头一皱，接过信函，厉声说道："德威，以后任何信函，无论何时，都须立刻送我。下次记住了！"

史德威脸有愧色，拱手说道："末将遵令。"

史可法拆开信，走到窗前阅读。

待他转身之时，已是喜上眉梢，对史德威大声笑道："德威！你可知是何喜事？"

史德威见连日来都在忧虑中的史可法眉开目展，不由兴奋，上前一步说道："大人，信上所呈，是何喜事？"

史可法连声大笑，来回踱步，说道："青州告知，山海关总兵吴三桂已在上月借得关外之兵，将李自成逐出北京，闯贼已然西逃，青州军民，尽斩闯贼所派之官，各方响应，都引颈而望王师啊，哈哈！"

史德威闻言，也是大为激动，说道："吴总兵借兵驱寇！真乃天大喜讯！"

史可法走来走去，喜道："不错不错，本督立刻上疏，请朝廷遣使北往，抚慰山东、河北军民，以定人心。"史可法说罢，到桌旁写下第三封奏疏，命史德威派人再送南京。随即传令，即日往扬州出发。

还有最后一个总兵高杰没有见，史可法自然知道，目前已见的三位总兵，虽能看出他们惧战掠地，各怀鬼胎，却还是有些嘴上的漂亮话，高杰兵势最盛，骄横跋扈之名更是无人不知，如高杰能俯首听令，其他三位总兵自不敢抗其军令。

扬州兵乱

1

三百川兵及一众文武随史可法离开泗州城，南下扬州。

扬州自古繁华，尤其长江与运河在彼处交汇，地理位置独特，使得经济与文化极为繁荣，太祖朱元璋时期，扬州府便领三州七县，鼎盛一时，此刻北方震荡，对南方而言，扬州的战略位置，首当其冲。

第二日黄昏，史可法一行扎下营帐，埋锅造饭之际，不少人听到一阵马蹄声急奔而来。

史可法在营帐端坐，见应廷吉与刘肇基带一军士进来，抬眼看去。

那军士单膝跪地，双手奉上一函，说道："督师大人，小人从扬州奉命而来。此乃淮抚黄家瑞大人亲书，嘱我一定亲手交给大人。"

史可法见其脸色，便预感不妙，听得是黄家瑞亲笔信函，即命身旁军士接过。

帐内几人都凝视史可法。

史可法将信迅速看完，伸手往桌上一拍，霍地站起，喝道："那高杰如此凶残？"

扬州军士满面尘汗，仍单膝跪地未起，悲声说道："高将军一意要据扬州，命军攻城已有半月，扬州城外，尸骨累累，无人掩埋，扬州百姓无不切齿痛恨。黄大人万般无奈，命小人前来送讯。"

史可法极力按捺心情，问道："黄大人信上说郑元勋先生也死了？是如何死的？"

史可法说的郑元勋是崇祯十六年进士，工诗善画，素有江东名士之称。在南京发生监国之争初期，郑元勋有句话在南京传开，他所说的是只有福王可立，若立潞王，则福王无处可去，其结果将引发天下之战。如今来看，不能不说郑元勋眼光锐利。史可法路上想过，抵扬州之后，当亲访郑元勋，引其为幕僚，不意竟死于兵乱。

那军士闻言，垂下头去，片刻间又抬头说道："郑先生实为冤死。郑先生因与高将军有旧，便去高将军营中劝说，使高将军退军五里，然后郑先生入城劝黄大人让高将军入城，称高将军不会再引暴乱，竟被士民骂其卖城，当场将其杀死。"

史可法闻言，连连摇头，说道："士民岂不是自毁长城？"他紧问一句，"如今扬州怎样？"那军士答道："高将军攻城甚急，黄大人派小人单骑出城，就为早日报与大人，如今扬州势危，非大人不能解。"

史可法目光炯炯地看着应廷吉和刘肇基，说道："此去扬州，尚有四日行程。传本督将令，今夜拔营，不能再等了！"

2

江北四镇的四位总兵中，高杰的来历最为不同。他原为李自成部下，因作战勇猛，得了个"翻山鹬"的绰号，后投降明军，屡次击败农民军，将张献忠也杀得大败。到崇祯十七年时，晋升为总兵，统精兵四万。此次更是立下"拥立之功"，受封兴平伯。弘光帝虽命其领扬州，却只让他驻军徐、泗。高杰不忿，闻得黄得功、刘泽清也觊觎扬州，便于四月底从徐、泗抢先挥师，一路往扬州杀掠而来。扬州闻讯，立即闭城据守。高杰五月中旬抵达城下，下令攻城。扬州城淮抚黄家瑞和守道马鸣騄督民守御，高杰一时攻克不下。

这日高杰正在营中与妻子邢氏商议军情，其外甥李本身及部将李成栋急匆匆入内。

高杰见二人神色慌张，不由喝道："你二人巡营整军，怎么如此模样？"

李本身赶紧答道："禀报将军，末将刚刚得讯，史可法明日将到扬州。"

高杰闻言，不禁吃了一惊。这一个多月来，他从北往南，杀掠痛快，无人敢撄其锋。高杰自然知道，自己兴平伯之爵，乃是史可法和高弘图举荐，眼下史可法身为兵部尚书兼督师，正好是自己的顶头上司，心内一惧，脱口说道："史大人来扬州了？"

李成栋也上前一步，说道："督师明日便到。"

高杰脸色苍白起来，来回走了几步，忽然站住，对李本身和李成栋说道："你们赶紧挖出坎道，能挖多长就挖多长，将城外的尸首都给我埋了！"

李本身和李成栋同时拱手，说声"末将遵令"，转身便出。

高杰仍感紧张，对夫人邢氏说道："夫人，史可法到扬州，我们该当如何？"

邢氏原是李自成之妻，后与高杰私通，怕李自成对他二人不利便一起降明。邢氏虽是女流，却是有勇有谋，高杰为人凶暴，却对邢氏始终言听计从，认为邢氏是自己身边的将略之才，须臾不离。

邢氏起身走到高杰身前说道："史督师威名卓著，听说治军很严，他如今将至扬州，我们不可攻城，适才夫君下令，挖坎埋尸，便是让史督师见不到战况。妾身以为，明日史督师一到，夫君可前往拜见，妾身料想，没什么大事可出。"

高杰皱眉说道："去见史督师，果真不会

有事？”

邢氏微微一笑，说道：“夫君忘记了，史督师来扬州，不是统军而来，夫君这里有数万精兵，督师又能把夫君怎样？”

高杰闻言，眉头渐展，说道：“夫人果然高明，我明日便去拜见史督师，瞧瞧他的威名究竟是怎么个来法。”

3

第二日一早，高杰派李本身、李成栋率百名亲兵前往打听史可法行程。李本身等人还未出营，便听得营外人声喧哗。高杰立感紧张，亲自带队，前往营门。

转身而回的李本身迎上高杰，低声说道：“史督师到了。”

高杰大步走到营前，见外面整齐站立三百军士，他们神情虽倦，却是个个肃容，当先之人，穿一身绯色官袍，玉带围腰，头戴庆云冠，脸上皮肤黝黑，双目炯然有神，颔下胡须垂胸，实有不怒而威之态。

高杰感到背上一股冷汗流下，赶紧上前躬身，说道："末将高杰，拜见督师。"

史可法双目注视高杰，说道："高将军，免礼。"

高杰心中惶恐，赶紧命人将史可法等人迎入中军大帐。

史可法步入军营，眼光左右扫视，心内暗吃惊。高杰所部多为陕人，此刻两旁站立，人皆精壮，刀甲鲜明，比之史可法前面所见的三镇总兵部下，更具勇武气概。

高杰不敢走在史可法前面，紧跟其后。一行人随引路军士来到高杰大帐。

史可法迈步而入，高杰立刻说道："请督师上坐。"

史可法脸色端凝，径直走到帐中大位坐下，挥手说道："诸位也都请坐。"

高杰待众人坐下，紧步走到史可法面前，拱手说道："不知督师远来，末将未及相迎，还请恕罪。"

面对史可法的威严，高杰心中惶恐。

史可法微微点头，慢声说道："本督奉旨督师，尚未足月，江北四镇总兵，到今日都已是见过了，高总兵如何远离驻地，到扬州来了？"

高杰闻言，不觉额头见汗，尴尬道："督师大人，我、我蒙大人举荐、天子隆恩，受封兴平伯，陛下命高某领扬州，所以来此了。"他说到后来才渐渐顺畅起来。

史可法眉头微皱，说道："将军之所以显贵，乃是君命所致。如今未奉朝廷之诏，擅离职守，以图非属之地，将军如何解释？"

高杰见史可法语含斥责，不仅语塞，过半晌说道："督师此来，料已听说扬州士民妄杀郑元勋，其罪非小，大人是否当诛首恶？"

史可法闻言起身，慢步走到高杰身边，缓缓说道："本督一路南来，千里白骨，究竟何人方为首恶？"高杰此刻内心惧意渐去，挺胸说道："高某一人能杀千万人吗？"

史可法双眉一挺，还未说话，高杰又冷冷说下去，"督师大人别忘了，高某领扬州，乃是陛下下旨，难道高某来自己属地，也需请旨不成？"

史可法闻言，脸色倒是缓和下来，说道："将军十余年来，战功赫赫，如今朝廷用人之际，将军可不要因片刻之思，误天下之事。"

高杰见史可法远非自己原本以为的那样声色俱厉，不觉傲然抬头，说道："高某上阵杀敌，立功无数，这扬州城，高某是进定了！"

史可法再次皱眉，说道："将军，本督提醒你，自古人心比城池难得，如今扬州城不欲将军入内，将军难道要攻城吗？如今北方大乱，将军有此血勇，何不率军北上，收复失地，为先帝报仇。"

高杰嘴角浮起冷笑，说道："高某自然要为先帝报仇，督师此来，携兵入营，是想对高某武力相逼吗？"

史可法凝视高杰，缓缓说道："将军竟有此等想法，那不如这样，本督所带乃三百川兵，将军若想补充军士，本督就拨二百与将军。"

帐内随史可法来的文武见史可法几乎在纵容高杰，高杰也越来越胆大气粗，俱是惊讶。此刻又见史可法居然要拨两百军士给高杰，应廷吉不由站起，说道："督师，不可……"

史可法摇手打断应廷吉："你们不要说话，"又转向高杰，续道："高总兵可将本督军士收下两百。"

高杰面露诧色，随即转头对李本身说道："既然督师有令，还不快去？"

李本身即刻一声"遵令"，转身大步出帐。

史可法继续凝视高杰，缓缓说道："本督的督师之地乃是扬州，如今将军在城外扎营，本督也不便入城，就在将军之营住下。本督与将军，都不入城，将军以为如何？"

此言一出，应廷吉等人吃惊，连高杰也感意外，他看看帐内诸人，将目光停在史可法身上，见其神色坦然，不觉心内微微一震，当下便道："督师愿意留在高某营中，就怕会委屈大人了。"

史可法微微一笑，说道："正好与将军共议北上之策。"

4

当夜，应廷吉走进史可法大帐，拱手说道："督师大人，你如何能将川兵交与高杰，还在他营中住下，岂不是沦为高杰人质？大人该入扬州方为上策啊。"

史可法抚须一叹，起身说道："廷吉啊，你随本督日久，如何也不解本督之心？"

应廷吉一愣，说道："在下确实不明。今日见高杰桀骜不驯，野心昭昭，便是想占据扬州，难以为朝廷出力。"

史可法微笑一下，缓缓说道："屏护南京的便是这江北四镇。本督问你，这一路所见，你觉得哪镇兵马最强？"

应廷吉皱眉思索片刻，说道："依廷吉来看，还是高杰之军最强。"

史可法点点头，说道："的确如此。如今北都沦亡已近两月，南都未发一兵，清军入关，决无善意，他们与闯兵交战，谁胜谁负，都将不利本朝。如今天下之势难明，若不能以大义说服高杰，南京可用的劲旅从何而来？"

应廷吉仍是皱眉说道："可高将军如此跋扈，未见他会遵令北上。"

史可法伸手轻拍应廷吉肩膀，说道："四镇总兵，高杰最强，此为其一。其二，与其他三位总兵相比，唯有高杰与李自成有私仇，就此点来说，高杰便是四镇当中，唯一不会投敌之人。本督虽在高杰营中，却也料他不敢如何，本督与其日晓大义，必有他甘愿出师之期！"

应廷吉心中大震，拱手说道："大人苦心，我等委实难知，更是不如。"

史可法不答，缓步走至帐门，仰首望天，不觉一声长叹，像是自言自语地说道："天下形势易变，时间真是不多了。"

青萍之末

1

在高杰军营，史可法一待便是旬日。

高杰见史可法身边士卒仅百，几个随从的文武官员更是没被他放在眼内，竟将自己亲兵置为史可法营帐护卫，史可法所书文檄，均得自己先行过目才决定是否发出。应廷吉、史德威等人无不大怒，史德威好几次厉喝拔剑。取文之人为士卒，自是害怕，史可法便厉声喝道："德威！你要干什么！"史德威愤然将拔出一半的剑用力还入剑鞘，等取文之人出去后，恼声说道："史大人，你乃堂堂督师，如何能受这窝囊之气！"

史可法待士卒走出，才安然落座，说道："德威，收人之心，岂是容易之事？高将军乃朝廷命官，不是你我之敌，他要看，便让他去看，无需动怒。眼下高将军不入扬州，便是城中之福。人尽大义，便得有这区区忍让，算不得什么，你们都出去吧。"说罢，史可法拿起桌上之书，开始读了起来。

在高营中的史可法每日必做三事，一是读书，二是巡营，三是与高杰闲谈。

每次巡视中，史可法无半分焦虑之态，尽显坦然。沿路所见军士，无不止步询问，有话则长，无话则短，言辞间俱是温言相待。不觉间，高营将士均对其渐生敬重，就连高杰也慢慢变得愿与其多多交流，神情不知不觉地恭谨起来。

邢氏在营中，将一切都看在眼里。这日当高杰回来后，邢氏上前问道："夫君今日又和督师相谈去了？谈些什么？"

高杰将头盔取下，放到桌上，说道："督师确实是我平生所见的唯一君子。"

邢氏微笑道："为什么这么说？"

高杰背手踱步，说道："这些天里，史大人几乎无时无刻不挂念北方，开口一说，便是欲为先帝雪恨之事。我刚回营之时，听到几个军士说话，隐隐听到'督师真乃我主'之言。"

邢氏微微点头，说道："史大人实有过人之处，再让他在营中留下去，只怕人心都会被史大人收走。"

高杰眉头一竖，说道："谁敢不听命令，老子立刻砍他的头！"

邢氏上前一步，微笑道："其实这未必不是好事，天下大乱，夫君虽手上有兵，却终是孤军，能说以后就百战百胜？如今史大人一心为国，必成大事，妾身倒想，不如我们今日开始，便奉督师之命行事，夫君必能一施雄才。若真能收复北方，定会搏个千古留名。"

高杰一怔，说道："夫人之见，是要我听命于史大人？"

邢氏仍是微笑道："史大人原本就是督师，奉他之命，乃下属本分。妾身一旁琢磨，北方乱到今日未歇，早晚有兵锋南下，日后朝中上下，唯史大人可堪追随。"

高杰"唔"了一声，来回踱步，说道："待我好好想一想。"

他还未想出个结论，外面便有军士来报。

来人是取史可法文书士卒，他进来说道："将军，此乃督师今日文书。"

高杰接过，挥手命其出去，然后展开一阅。

邢氏一直察看高杰脸色，问道："督师写的是什么？"

高杰一字字读完，合上信，望着邢氏，迟疑说道："此乃督师给朝廷奏疏，说是让我移兵瓜洲，刘泽清从瓜洲移驻淮上。"

邢氏脸色一亮，说道："夫君，无需多想了。督师在我们营中，形如受囚，未有任何怨言。如今他奏请圣上，让夫君移驻瓜洲，实乃最上之策。在督师未至之时，我们十余日也未能拿下扬州，如今督师在此，我们如何还能攻城？现瓜洲距此，不过区区四十里，与在扬州有何区别？让刘泽清移驻淮上，也是督师苦心孤诣，不欲四镇间有摩擦。如此大义之人，是朝廷之福，也是你我夫妻之福啊。"

高杰点头道："夫人所想，也正是我之所想。来人！"

随着这声大喝，帐外候命的李本身大步迈入，拱手道："末将在！"

高杰说道："传我将令，摆出筵席，请督师入席，快快去请。"

"遵令！"李本身答道，转身欲出。

"站住！"高杰又是一喝，对转身而望的李本身补充道："听清楚了，此去是恭请督师，明白吗？"

"末将明白。"李本身大步出去。高杰与邢氏互望，均是脸上发光。

2

扬州城内，兵祸消弭，已是安定不少。

史可法和扬州知府任民育带同应廷吉、史德威、刘肇基、王秀楚等文武，慢步走到一馆舍前，抬头凝视。

该馆舍乃是新建，引来无数人观看。

门上一匾额，上面写着"礼贤馆"三个遒劲有力的大字。

围观士民中有人喊道"督师来了"，众人转头去看，见史可法一行人过来，不由一边喊着"史大人，史大人"，一边自动地让出一条道来。

史可法微笑而行，走上馆前台阶，转身面对众人，说道："本督入扬州，所负之任，便是督令四镇，收复北方，以雪先帝之仇、万民之恨。今特建'礼贤馆'，诚望得四方才士辅助。馆中事宜，由监纪推官应廷吉大人负责。"

在众人掌声中，应廷吉走上台阶，面向越围越多的士民说话，希望有识之士能齐聚于此为国效力，或毛遂自荐，督师府将量材录用。众人不禁再次欢呼。史可法想到自己经历一番艰辛，总算在扬州开府，如今又建起礼贤馆，招徕各种人才，不觉心中安慰。想着收复北方，真非一朝一夕之事，只能逐步而行，自己内心再急，更需极力忍耐。好在四镇算是归心，明日之事，已然足可期待了。

应廷吉领"礼贤馆"以来，日日接待报名之人，认真考量。不止扬州，外面各地也有不少人

史可法设立礼贤馆，招揽四方英才。

慕名而来。应廷吉择优而选，推荐到史可法府中待用。

某日应廷吉一早进得馆内，刚刚坐下，就有军士进来通报，说是有人求见。

一见来人，应廷吉就感觉对方虽风尘满面，敝衣草履，举止却不似寻常之人。

那人见应廷吉后，双手抱拳，说道："应大人，敢问督师可在此处？"

应廷吉凝视对方说道："督师未在，敢问先生何人？"

那人又走上一步，几乎贴到应廷吉案沿，低声说道："草民邱茂华。"

应廷吉猛吃一惊，不由站起，拱手说道："是邱太守？邱大人如何到了扬州？"他话音一落，就知自己说得不对。邱茂华乃河北真定（今河北正定县）太守。三个多月前，兵锋正盛的李自成令部将刘芳亮东出固关，兵至真定，时为太守的邱茂华惊慌失措，出城投降。当吴三桂借清军击败李自成，无数望风投降李自成的大明官员又转眼间失去新主。如今邱茂华竟到了扬州，自是走投无路，无处可去了。应廷吉顺口称其"邱太守",其实哪里还是什么太守?

邱茂华脸色含悲,仍是躬身说道:"应大人,我有紧急要事,必须面禀督师,还请应大人带我去见史大人。"

3

"什么!"史可法一声惊呼,从椅子上站了起来,"那吴三桂不是借兵,而是投降了清廷?"

邱茂华点头说道:"不错,吴三桂确乃投降,并非借兵。草民在北京,亲见吴三桂已然剃发,被多尔衮封为平西王。"

史可法更是震惊。朝廷现下讯息不通,无不以为吴三桂是借兵击败李自成,北京自然恢复大明旗号,岂料吴三桂竟然是剃发投降。史可法仰天叹道:"朝廷二十一日派出使团,给吴三桂发银五万两、漕米十万石,又追封这叛逆之父吴襄为辽国公,真乃我朝之耻!"

邱茂华说道:"督师,如今当务之急是清虏指日南下，要如何应对？"

史可法缓缓摇头，沉思片刻，说道："北方变化如此之巨，闯贼屯兵陕西，清军占据京师，江南虽是地广，朝廷却是掣肘繁多，尤其兵饷不至，令本督失信于各镇，如何进军山东与河南？"

邱茂华吃惊道："朝廷不发兵饷？"

史可法叹道："本督连连上疏，却是无一回复。"说罢长声一叹，续道："眼见朝局日非，上下苟安，无丝毫进取之志。如今清军与闯贼争执，正是用兵之时，若今日不图，后悔无及啊。"又是连连叹息。

邱茂华和应廷吉等人在旁，互换眼色，终是无以为劝。邱茂华起身说道："小人自知罪大，不如督师容小人往南京一见，有何消息，也可尽快通报。"

史可法点点头，挥手道："如此也好，只怕终究无用。"

邱茂华拱手告辞后。应廷吉为安慰史可法，从怀中取出连日来"礼贤馆"的招人名目详加禀报。二人其实深知，如今报名之人，俱是秀才文人，扬州此刻最需的是统兵将才乃至帅才，这样的人却哪里会在旦夕间横空出世？

4

时间一天天流逝，转眼到了八月十五中秋佳节。

史可法的母亲和妻子俱在南京，当日晚间他独自吃个月饼，在庭院内散步片刻，望着圆月升空，宇宙清朗，心中不觉泛起一丝愁绪。史可法成婚二十余年，始终未育一子。其妻杨氏曾劝史可法纳妾，以便承续史家香火，史可法以"王事方殷，敢为儿女计乎"为由拒绝。此刻凝视明月，思亲之情，无子之憾，不禁油然而生。

走得片刻，忽然心中一动，命军士在府邸后花园摆上一小桌酒肴，备上两副杯筷，然后命人传史德威入见。

过不多时史德威进来，史可法脸上微笑，也未起身，伸手示意史德威坐在对面。

史德威有点诧异，不明追随日久的督师如何会单独召自己过来饮酒。今日是中秋佳节，难道有什么紧急军情？史德威一时想不明白，不无犹豫地拱手问安。

史可法微笑道："德威，我知你扬州无亲人在侧，今夜月明，便召你过来饮上一杯。"

史德威还是第一次与自己督师单独饮酒，不觉略有惶恐。

史可法挥手让下人出去，后花园便只剩下史可法和史德威两人。

史德威不安说道："今日中秋，蒙督师相召，不知有何要事？"史可法微笑道："德威，今夜只你我二人在此，无需礼节。"

随即，史可法端起酒杯，说道："难得佳节清净，我们先饮一杯。"

史德威赶紧端杯，也不敢与史可法酒杯相撞，说道："末将先干为敬。"说罢，杯到唇边，一口喝下。

史可法也喝下酒，然后抬头望月，心中感慨，叹息一声，说道："人有悲欢离合，月有阴晴圆缺，此事古难全。当年苏子之词，流传至今，便是告诉后人，人之一生，终究遗憾多于圆满，不知德威父母身体可还康健？"

此时四下明月清辉，本就触人思绪，史德威听到史可法问及家人，不觉感伤说道："蒙督师挂念，末将父母均在山西，北方乱后，迄无音讯。"

史可法微微叹息，又似是不经意问道："德威可已入了史家族谱？"

史德威见史可法问得有些古怪，还是答道："德威已入族谱。"

史可法"哦"了一声，然后端酒啜饮，放下酒杯时眉头微皱，又轻叹一声，说道："今夜中秋月圆，北方之地，却不知有多少黎民流离失所，他们指望王师北上，收复失地，得享太平，如此才能夫妻相聚，亲人团圆。"

史德威心中感动，说道："大人终日记挂北方，实乃黎民之福。"

史可法摇摇头，说道："未得团圆之家，谈何'福'字？"

史德威不觉握起拳头，说道："末将只等大人下令，便率军北上。"

史可法凝视对方一眼，慢慢起身。史德威见史可法站起，也立刻起身相随。

史可法走了几步，抬头说道："德威可还记得十日之前？"

史德威微思片刻，说道："十日之前，末将随大人前往淮上巡视。"

史可法脸上不自觉露出一丝苦笑，说道："本督淮上阅军，德威觉得东平伯刘泽清部下如何？"

史德威微愣，旋即说道："恕末将直言，东平伯部下，虚夸难用。"

史可法转身面对史德威，伸手拍拍对方肩膀，说道："你随我三载，果知本督素来只愿耳闻真言。不错，刘泽清部下难堪大任。那么，刘良佐之部如何？"

史德威脸上已有忧虑，继续说道："两部之士，无毫厘之别。"

史可法再次抬头看天，缓缓道："那你看，高杰之部呢？"

史德威走到史可法身侧，说道："兴平伯部下，实乃劲卒！"

"好！"史可法目光炯炯，看着史德威说道：

"德威之见，与本督一样！以阅军所见，唯高杰所部可为先锋，本督心意已下，拟命兴平伯统率本部，进取开、洛。"

史德威不觉一喜，随即又说道："北上挥师，乃万民之愿啊。"

史可法缓缓颔首，说道："若高总兵率部北上，不可让其有后顾之忧。明日你去瓜洲，将兴平伯家眷接至扬州，以安其心。"

"末将遵令！"史德威不由朗声应道。

史可法走回桌边，伸手将桌上酒杯端起，转身看着史德威。

史德威也过去端起酒杯。

史可法持杯移步，抬头看月，双手举起酒杯，说道："收复北方，乃本督肩负之任。祈愿皇天后土，佑我大明，这一杯酒，天地共饮！"说罢史可法将酒杯倾斜，从左至右，一线酒水，缓缓从杯口泻于地上。

史德威在史可法身侧，举杯说道："祈愿皇天后土，佑我大明！"将手中酒尽洒地上。

一丝乌云，从月旁徐徐飘过。

解纷收心

1

　　果如史可法所料，高杰得知史可法欲将其妻儿安置扬州后，心中大喜。毕竟，他的镇守之地北接山东，西连河南，二省都尚在李自成势力范围之内，一旦交锋，立处前线。扬州远在后方，可保妻儿性命无虞。对高杰来说，邢氏军事才能虽然重要，但独子高元爵不过数岁，让其随母安居扬州，自己才无后顾之忧。高杰当即拨五百亲兵，命邢氏带同儿子随史德威前往扬州，同时托史德威带给史可法一信。

　　史可法将邢氏母子安置于帅府居住，然后细读高杰来信。

高杰信中所言，第一是感谢史可法安顿其妻儿，第二是表示自己将奉命进军开、洛，第三点最重要，问询兵饷何时能至。史可法阅信后不禁轻叹。他已然上疏数次，次次都是追饷，南京的回复不是顾左右而言他，就是根本不提兵饷之事，只诏令史可法出师。史可法手中无银无粮，如何能下进军之令？

史可法再次上疏，请拨兵饷。不料，从南京得来的回音是，南京兵部右侍郎兼右佥都御史左懋第及太子太傅陈洪范为首的北使团上月刚与清廷议定"以两淮为界"，此刻不宜发兵。史可法不觉浑身发抖，如今他手无兵饷，又被南京下令缓师，一股坐困之感难以抑制地涌上心头。

史可法刚刚被朝廷捆住手脚，祸不单行，九月刚过，已被派出守卫高家集的刘肇基忽然紧急回城求见。

见到史可法后，刘肇基便急声说道："督师，高杰与黄得功两位总兵打起来了！"

史可法一惊，旋即只觉怒火攻心，一拍桌子，怒道："如今大敌当前，他们两个，他们两个竟然兵戎相见！说！什么原因？"

刘肇基叹息摇头，说道："禀督师，此事曲在高杰。黄得功将军接到登莱总兵黄蜚之信，黄蜚将军自登州入淮扬，担心被高杰袭击。黄得功将军接信后，率三百骑相迎。不料黄将军刚到距邗关五十里的土桥，便被高杰围攻，黄将军匹马逃脱，更想不到的是，高将军见黄将军离镇，竟然派出一千军马，奔袭仪真，却被仪真守军杀了个大败而归。"

史可法越听越怒，大禁吼道："难道他们不知如今北方之敌对我们虎视眈眈？居然如此不知轻重，动起手来！如今朝廷能依靠的便是他们四镇，他们、他们……"史可法怒发冲冠，一句话竟说不下去。

刘肇基上前一步，拱手说道："督师，如今生气无用，眼下高将军与黄将军在各治甲兵，大有汹汹之势。"

史可法终于控制住心情，走到窗前思索，片刻后转身凝视刘肇基，声音沉缓下来："说得对，生气解决不了问题。你传史德威前来见我，本督即刻前往仪真，面见黄得功。你且回高家集，驻守淮河一线，不可再轻易离开。"

"末将遵令！"刘肇基一拱手，转身出去。

"高杰！"史可法手握成拳，沉声道，"本督就知你尚未归心！"

2

史可法带着史德威及百余名亲兵抵达仪真。

四个月前，史可法渡江第一站便是仪真，当时黄得功亲自率队来迎，此刻在城外等候的只有黄得功部将田雄。令史可法等人诧异的是田雄等人皆白带围腰，史可法心知有异，暗自猜想难道是高杰又惹下了什么乱子，当下催马上前。

田雄见史可法过来，翻身下马，变腰拱手，说道："末将田雄，奉靖南侯之命，迎接督师。"

史可法端坐马上，看看田雄，又看看他身后人马，说道："田将军免礼，这城中出了什么事？"

田雄说道："靖南侯母亲去世，正忙于丧事，不及亲自迎接，还望督师恕罪。"

史可法不禁眉头一皱，惊讶道："靖南侯母亲去世了？事不宜迟，田将军前面带路，本督即刻前往侯府。"

一行人到得侯府，黄得功已率家人在门外相迎。

远远见史可法等人过来，黄得功领着家人紧步上前，到史可法身前站定躬身，说道："黄某有孝在身，未能亲迎督师，望请恕罪。"

史可法见黄得功等人全身缟素，他后面的府邸匾额上也挂着白布，当下说道："黄将军节哀顺变，可引本督灵堂一拜。"

"督师请"，黄得功一边说，一边让开身子，让史可法前行。

在灵堂拜祭过后，黄得功将史可法请进另外一间房间。

黄得功待史可法坐下，脸色悲愤，说道："督师亲祭我母，黄某铭感督师大德，不过大人料也知道，黄某在土桥被高杰无故袭击，折损三百人马，这笔账，黄某一定要算。我已写好奏疏，将直接上书朝廷，黄某誓与高杰决一死战！督师可不要阻挠才好！"

史可法见黄得功言辞激愤，缓缓点头，说道："黄将军母亲方逝，本督素闻将军身世，令尊大人早逝，乃令堂一手栽培。本督料想，令堂能养育将军，必乃深明大义之人。令堂在天有灵，见将军挥师马，不是北驱强敌而是同室操戈，会是如何心痛。"

黄得功闻言，一时未答，沉吟片刻说道："督师之言，是要黄某放过高杰？大丈夫处世，岂能不恩怨分明？有恩报恩，有仇报仇，从来如此，督师难道不这么以为？"

史可法声音不变，仍是缓缓说道："将军之言甚是！有恩报恩，有仇报仇，将军身受朝廷大恩，此恩当如何报？"

黄得功不禁语塞。

史可法继续说下去："如今将军在土桥遇袭，天下无论智愚，何人不知曲在高杰？若将军捐弃私怨，为国尽忠，这不正是大丈夫扬名天下之机？"

黄得功神色稍动。

史可法站起身来，背手走了几步，说道："将军在土桥折损人马。然人死不能复生，本督离扬州之时，已驰令高杰，将马匹悉数奉还，此外……"史可法看看房内四处挂满的孝布，缓缓续道："将军葬母，花费不小，本督先留三千金于此，以做安置，另会令高杰具一千金到仪真。这场过节，本督如此处置，黄将军意下如何？"

黄得功思忖片刻拱手说道："督师大人为国赤胆忠心，黄某……就依从大人之意了。"

史可法转身，看着黄得功叹道："如今朝廷贪图苟安，岂是长策？本督唯望四镇将军同心协力，若不如此，且不说收复北方，这南方恐也危矣！"

3

高杰听闻史可法亲来，也不由感到慌张。他在土桥袭击黄得功，是其三叉河部下报说黄得功将暗袭淮扬。高杰当即设伏，若非黄得功骁勇，只怕当场便被高杰乱箭射死。随后高杰再袭仪真，不料仪真有备，派去的一千人马全军覆没。高杰自是大怒，盘算如何消灭黄得功，此时史可法一函文书送到，命其退还黄得功马匹。高杰虽恼恨黄得功，但对史可法还是心存敬畏，却又不甘心全盘受命，遂选出赢马百匹，派人送往仪真。送马人原是高杰得力探子所扮，将仪真消息立刻送回。黄得功丧母，史可法亲往吊唁，一百匹赢马，黄得功只收下一半，史可法又代替其选出二十匹，剩下的三十匹差不多都在垂垂待毙。

送去赢马，原本就是高杰有凌辱和不屑黄得功之意，不意史可法会在其中代为选马，此刻听到史可法已至瓜洲，高杰身边没了邢氏，主意不多，赶紧召来李本身和李成栋商议。二将都觉得史可法既来，无可回避，只能看他有些什么说辞了。

李本身补充了一句："督师倚重将军，将军不如单独与其见面，可免去一些不便。"

高杰觉得李本身言之有理，便率领二人，带上五百亲兵，出城相迎。

自扬州城下分别，一向盛气凌人的高杰对史可法生出敬服之心，尤其当史可法将其妻儿接去扬州，更是感佩，只是当史可法不在身边，高杰又做回了往日的自己。袭击黄得功，固然有信息误传之故，却也未尝没有自恃军力最盛，想独压三镇之嫌。现下虽惹出事端，但史可法的命令却只是让自己交还马匹，不觉胆气复硬，史可法既来，倒的确可如李本身所建议，与之单独会面，看看这位督师会对自己说些什么。

城外相见，高杰看到史可法脸色如常，心中一块石头落了地，料想史可法不会对自己如何，又见史可法随身亲兵不多，更觉有恃无恐，一切问题都可迎刃而解。当下也只是拱起手，几句客套话后，和史可法并辔入城。

4

高杰将史可法请进宅邸内间。

待军士送上茶水之后，高杰挥手命房内之人尽出，然后眼望史可法，说道："高某粗人，有话就直说了。督师刚离仪真便到瓜洲，可是为了土桥之事而来？"

史可法不答，端起茶杯，慢慢啜饮一口，目光陡然一亮，直直地看向高杰。

高杰被史可法的眼神逼视得不由一慌。

史可法将茶杯搁回案几，一字一顿地说道："兴平伯高杰，土桥之事，本督不打算多说，今日来此，本督只想和高将军说说我年轻时候的一桩往事，不知兴平伯有没有兴趣听听？"

高杰见史可法脸色不喜不怒，却显得比在扬州时威严得多，而且，他说出的竟是想谈一桩往事，高杰不由得怔住了。对眼前这位督师，高杰所知还真不多，自己出身贫寒，为求活命，随李自成杀官造反，后虽投降官军，积功升迁，却始终未读诗书，身在乱世，只知乱世法则乃是手握强兵才得生存。史可法是他从未遇过的类型。见对方明明要为土桥之事开言，却又否定，而且心中好奇之感也被唤起，不由得说道："督师请讲，末将洗耳恭听。"

史可法眼睛前视，似是沉浸在回忆中，然后慢慢站起。见高杰也欲起身，史可法摇手说道："兴平伯且坐，本督要说之事，发生在天启五年（1625）。兴平伯可知那年有何要事？"

高杰皱眉摇头，说道："天启年间，可是魏忠贤把持朝政之时？"

史可法微微点头，说道："不错，阉党祸朝，不知有多少忠良被冤下狱，本督恩师左佥都御史左光斗也因上疏弹劾魏忠贤三十二条罪状被拿下狱。"

高杰隐隐知道些前朝之事，知道左光斗是东林党重要成员，万历六君子之一。此刻才知眼前的督师竟出自左光斗门下，不觉心中升起敬意。他不知如何接话，索性不言，等史可法继续说下去。

史可法也没等高杰作答，自顾续道："吾师下狱，遭受阉党酷刑，生命垂危。我得到消息后，向狱卒哀求，只为再见吾师一面。兴平伯，你可知我见到吾师之后，吾师是何惨状？"史可法转身，凝视高杰。

高杰为史可法神色及言辞所震撼，摇头道："末将……不知。"

史可法惨然一笑，将目光转开，继续说道："牢室凄惨，可以料想，不可想象的却是吾师靠在墙角，便是一团模糊血肉，哪里还有人形？膝下无肉，露出的都是森森白骨。当时我立刻跪下，不敢放声，只能呜咽。"说到这里，史可法仰起头，

史可法向高杰讲述恩师左光斗往事。

似是极力忍住泪水，片刻后又缓缓说道："吾师双眼都无法睁开。他听到我的哭声，知道是我来了，抬头用手指拨开眼皮。兴平伯可知吾师当时说了什么？"

高杰素来杀人如麻，此刻却感到心悸不已，脸色也苍白起来，摇摇头，说道："左大人是不是有一丝欣慰？"

史可法泪光闪烁，摇摇头，仿佛当年的一切又在眼前出现，他闭上眼，按捺住心绪，摇头说道："吾师没有任何欣慰。当年他眼中的怒火我无日不忘。吾师如拼尽全身之力对我说道，如今国家倾危，奸臣乱朝，你如何能不顾利害探狱？为师来日无多，国家之事，已落在你的肩上，你竟擅自来此，难道要等奸人发现，一起遭遇毒手不成？若如此，天下还有何人可以依靠？你不立刻出去，不如为师今日亲手取你性命！"史可法声音颤抖，举袖往眼眶抹去，然后提声说道："兴平伯，本督至今都不知吾师当时从哪里来的力气，居然提起了地上的铁链，要投掷于我，我便从狱中出去了。"

高杰听到这里，心潮澎湃起伏，不禁浑身颤抖。

史可法静立片刻，然后缓缓说道："本督从此无福再见恩师。可吾师所说的国家之事，本督岂敢一日忘却？"他转过头，再次凝视高杰。

高杰额头微汗。他忽然站起，走到史可法身前，低头抱拳，慨声说道："督师一腔忠义，天地尽知，高某今日发誓，再不敢心生二意，从此谨遵督师之令。只求督师收复北方时，令高某为前部先锋！"

睢州惊变

1

　　高杰归心，令史可法颇感欣慰，当下命黄得功移守庐州，同时命高杰进军徐州，伺机待取。数月来，史可法几次欲出兵河南，无奈军饷始终未至，史可法日日扫视北方地图，徒自忧急。眼下南方尚算安稳，北方已成清军与李自成相争局面。史可法如何不知，二虎相争，正是自己出兵良机，但眼下四镇，只高杰有忠义之心，其他三镇始终志骄气盈，一心争夺繁华之地，刘泽清更是在淮安大兴土木，给自己建造东平伯府邸。史可法军令难行，朝廷也无能为力。

四镇之外，镇守武昌的左良玉拥兵八十万，实力远超四镇，更是没把史可法的督师之名放在眼里。福王登基之时，左良玉并未参与定策，因他兵多将广，朝廷不免有所指望，也将左良玉由宁南伯晋封为宁南侯。数月来，史可法眼睁睁看着李自成败退陕西，在山东、河南的大顺政权已日落西山，权力出现真空。李栖凤传来的报告是"河南各处非兵即寇，各占一方，无处宁静"。史可法坐困扬州，眼看稍纵即逝的良机从指缝间滑过，痛惜不已，再看南京朝廷，马士英荐用阮大铖之后，姜日广、高弘图、张慎言、刘宗周等忠良被相继排挤出朝，不觉更是苦闷。

最令史可法不安的是，朝廷定下"借虏平寇"策略，深惧出兵北上，引起清廷不满，但随着十月到来，紧张气氛已日甚一日。首先传来的消息是清廷定鼎北京，年方六岁的爱新觉罗·福临于十月一日即位称帝，是为顺治。仅过两天，摄政王多尔衮发兵南下，号称四十万大军，十月五日，清军东路军至沂州，西路军至濮阳，初八取丰县。史可法得到的军情一夕数至，赣、沭、沛、邳、曹、单、开、归等地都有清军踪迹。史可法当即下令，命高杰于十四日统军北征。高杰慨然应命，不顾祭旗时风折大纛，红夷大炮无故自裂等种种不祥之兆，率部登舟。到二十一日，史可法进驻清江浦，划分诸镇防守之地，自己亲自镇守王家营至宿迁的最为要害之地。

史可法虽竭力防守，但固守并不能解决危机到十一月十二日，清兵进攻宿迁，史可法立刻提兵往救，清兵闻讯拔营而走。史可法随即追击，两日后舟至鹤镇，这一天恰逢史可法生日。应廷吉等部下意欲祝寿，但史可法哪里有心情摆宴。清军南下，压城欲摧，史可法知道，随之而来的恶战已然不远。

2

应廷吉见史可法无意寿辰，不觉叹道："今日乃督师悬弧之庆，应不以俗务烦心为好。"

史可法摇头说道："如今天下动荡混乱，本督哪还有心情庆祝生辰？"

应廷吉知史可法内心焦虑，还是说道："天子已立，朝廷方安，天下事尚可为，督师不必过于心急。"

史可法叹息一声，说道："本督将令，遵者寥寥，以致军机屡失，实乃四镇互争利益，北有强敌虎视，而我们徒增内耗，当日先帝殉国，我等便是待罪之人。高弘图建议分封四镇，姜日广和马士英极力赞成，这中间既不能挽救，也未能改弦更张的，便是我这个督师了。如当时不设四镇，兵力合为一处，未必会如今日这番艰难。真是该将我等斩首，方可以谢天下！"

应廷吉如何不知四镇跋扈，眼下高杰虽听指挥，毕竟只区区四万兵力，仅仅依靠高杰，谈何收复北方？但此时的高杰也是他们唯一的指望。

二人只说得几句，帐外史德威不报而入，几步走到史可法面前，脸色苍白地说道："督师，宿迁失陷了！"

史可法猛一抬头，吃惊道："清军攻陷宿迁了？"他不觉浑身一抖。仅两日前，自己率军增援宿迁，清军拔营便走，却是引开自己，来了个声东击西。万没料与清军甫一交手，便中对方之计。史可法疾步走到地图之前，手指图上，口中下令，"传我将令，本部立即拔营，进抵白洋河，命刘肇基、李栖凤复攻宿迁，一定要夺回此地！"

史德威一声"遵令"，转身出帐。

应廷吉却是不慌，手抚长须，说道："督师勿虑，清军虽锐，但眼下李自成已攻克济源与孟县，我料清军必抽出主力，兵投陕西，与闯军决一雌雄，收复宿迁并非难事。待清军与闯军交锋之际，督师可命高杰抵开、雒，据虎牢关，以阻遏渡河清军，再联络河南总兵许定国，中原依然可图。"

史可法看着地图，缓缓点头。

3

事情果如应廷吉所料，多尔衮得到李自成部乘胜进攻怀庆府治泌阳县的急报之后，立刻下令，原本南下进攻弘光朝的多铎大军转为西进，先解泌阳之围，然后进攻潼关，以打开入陕门户，再同阿济格大军南北呼应，对李自成形成夹击之势。

多铎撤军，对史可法而言，赢得了数月的准备时间。

但身心俱疲的史可法仍是将令难行。到弘光元年（1645）正月，即便朝廷下诏，但除了高杰应命提兵三万，进驻虎牢关之外，命黄得功、刘良佐分别进屯颍州、亳州的诏令被直接抗拒。史可法的只得把全部希望寄托在高杰一人身上。

此时的高杰，被史可法忠义感化，一心北进，首先拒绝了清廷的劝降，随即沿河筑墙，全力备御，同时主动请命，以重兵驻归德，驰书身在睢州的河南总兵许定国，以筑攻取中原之基。

收到许定国回信之日，高杰同时收到了部将王之刚急函。高杰当时正与李本身、李成栋等将领议事。他先看到了许定国回信，信上写得明白，愿将睢州让与高杰镇守。睢州原本城坚，易守难攻。高杰大喜，再看王之刚信函时，不禁眉头一皱，王之刚密告许定国已向清廷肃亲王豪格献上降书，豪格命许定国将两个儿子送去清营，以作人质。高杰微一思索，嘴角冷笑，对李本身和李成栋说道："许定国投降清廷，又将睢州让我，老子倒要看看，待我到了睢州，那姓许的还敢不敢说一句投降的话？"

高杰站起身来，喝道："传我将令，兵发睢州！"

李本身与李成栋同时拱手遵令。

高杰又补充一句："趁许定国还在睢州，大军加速，务必在初十赶到城下！"

4

高杰军行甚速，果然于正月初十率军至睢州城下。

正月十八日清晨，天色蒙蒙，将亮欲亮，史可法在梦中陡然一声惊呼而醒，门外站岗军士听得督师声音有异，立刻推门而入。只见史可法冷汗涔涔，坐于床上。军士慌张道："督师……"

史可法定了定神，说道："唤廷吉过来见我。"

应廷吉听得消息，急忙赶来。

史可法穿戴已毕，脸色却是苍白。

应廷吉赶紧问道："督师，出了何事？"

史可法双眼兀自圆睁，说道："我刚做一梦，高杰在空中乘马，却是颈上无头，不由惊醒。廷吉可否为我测此梦凶吉？"

　　应廷吉不由暗吃一惊，说道："督师过于劳累，心挂兴平伯，是以梦之。"

　　史可法叹息一声，说道："但愿兴平伯安然无恙。"

　　应廷吉还未再言，门外军士进来说道："禀督师，兴平伯副将胡茂顺求见。"

　　史可法浑身猝然一抖，说道："快快传进。"

　　只见浑身汗透，显是昼夜兼程的胡茂顺大步进来，见到史可法，不由单膝一跪，双眼含泪，哭道："督师，兴平伯遇难了！"

　　史可法顿时如闻霹雳，站起身来，双眼圆睁，手指胡茂祯，喝道："你说什么！兴平伯遇难？！究竟是怎么回事？！"

　　胡茂顺悲声说道："兴平伯初十抵达睢州，许定国那狗贼出城相迎。兴平伯已然知道许定国将自己儿子送往清营作人质，未加挑破，为防止许定国将睢州献与清军，兴平伯带三百亲兵，入城接受许定国洗尘之请，不料，当夜许定国设下伏兵，兴平伯及三百随从尽皆遇害了！"

　　史可法闻言，只觉一阵晕眩，喃喃道："兴平伯遇害了？遇害了？"他双眼转向应廷吉，泪水不由涌出，蓦然顿足，悲声道："中原不可为了！"

祸起萧墙

1

史可法带领部下及胡茂顺，赶赴徐州。

高杰的死讯现已全军知晓，高杰部下兵卒正一片慌乱。

史可法来到中军大堂，将高杰部下将领一个个看过去。

众将俱知高杰独服史可法，也不由对史可法心生敬畏，见史可法目光坚定，不由安静下来。

史可法声音含悲，说道："兴平伯遇难，本督比你们任何一人都感痛惜。这笔账，该算在清军身上。本督今日是奉诏而来，兴平伯之部，乃我朝精锐，兴平伯不在了，本督拟保李本身将军代统全军，赴归德守御。胡茂顺将军坐镇中军，李成栋将军为徐州总兵。诸将以为如何？"

李本身见众人无声，走上一步说道："督师所命，末将遵从，只是兴平伯之子虽在扬州，不知大人将如何安置？"

史可法微微点头，说道："本督今日上疏，请朝廷抚恤，立元爵为世子，袭兴平伯爵位。"

李本身等人闻言，齐声说道："末将谢过督师。"

史可法当日写好奏疏，命人送往南京。

2

史可法在徐州安置完高杰军后，未待几日，便接到黄得功率军直往扬州的消息。

史可法闻言吃了一惊。他知黄得功对土桥之事从未释怀，此刻高杰已死，黄得功大军直往扬州，自是有不轨之心，当即下令回程。

路上颠簸，史可法心潮却是更为激烈。

一路各种讯息传来。首先是马士英命兵部左侍郎卫胤文前往徐州，总督高杰军马。史可法不禁悲叹，心知马士英此举实乃害怕自己得高杰部军心。随即又知李自成连失潼关和西安，败走襄阳。史可法对应廷吉叹息道："清军占据北方，不日便要南下，兴平伯留下的人马难以奉卫胤文之命，此刻，我也无法留在徐州。靖南侯兵发扬州，难道是想造反不成？"

应廷吉也连声叹息，说道："兴平伯已亡，余下三镇，都想得兴平伯军马，再无一人想要收复北方了。"

史可法痛苦地闭上双眼，旋又睁开，说道："朝廷总觉提督之位甚高，以为李本身资浅，却不知李本身乃高杰外甥。高杰之部，岂是他人所能统率？若久而不决，本督担心兴平伯军马将从此散去，朝廷再无可用精锐。"深深叹息之后，史可法继续说道："如今闯贼兵败，清军若南下，徐州堪危，难道三镇总兵，不知徐州若失，三镇俱危吗？"

应廷吉沉思片刻，说道："督师忧虑无用，我们且到扬州，靖南侯兵发扬州，料是针对高杰妻儿，以报土桥之仇。"

史可法缓缓点头，只觉一股深深的疲惫与悲凉从心底涌起。只一片刻，史可法又振作起来，说道："取纸笔过来，本督再给南京上疏。"

应廷吉本想劝他暂时休息，终于还是摇摇头，命人拿来纸笔。

史可法便在途中秉笔上疏，向朝廷陈述目前时局利害，要早做准备，并请京营提督高起潜镇守扬州。

3

二月十五日，史可法终于回到扬州。

黄得功未如当日高杰一般率军攻城，只在城外扎下营帐，炫耀武力。

史德威等人见此情形，无不大怒。史可法刚一升帐，史德威便站出说道："督师，末将请命，率军出城，不击退黄得功，誓不收兵！"

史可法沉声一叹，挥手说道："且下。如今清军虎视眈眈，我们若同室操戈，江南不保。本督已经想得清楚。"他看着帐下同知曲从直与将军马应魁说道:"曲大人、马将军,你二人随我出城,入靖南侯大营。本督要亲自询问。"

史德威一惊,说道:"督师,黄得功明显欲据扬州,大人亲往其营帐,岂非以身犯险?"

史可法脸色不变,仍是沉声说道:"靖南侯知我回州,未加阻拦,且屯兵城外,未加攻打,已见其心怯,本督往其营帐,定会平安而返,不必多言。"

史可法遂带曲从直和马应魁二人出城,径往黄得功营帐。

黄得功闻报,见史可法只三人入营,颇觉意外,即刻让开通往中军大帐的道路。

曲从直和马应魁见黄得功只是让路,不亲自出迎,无不愤怒。史可法倒是颜色如常,稳步走进黄得功大帐。

黄得功见史可法气度超然,也不禁暗佩,当即拱手说道:"督师亲来,黄某佩服。督师请坐。"

史可法泰然落座,双目炯炯,凝视黄得功说道:"黄将军坐镇仪真,如何到扬州来了?"

黄得功牙关一咬，像是下定了决心，提声说道："督师，黄某乃朝廷大将，累立战功，却只僻处仪真小邑，高杰不过贼寇出身，有何功绩，占据名城？"

史可法见黄得功情绪激愤，脸色却是一沉，缓缓说道："靖南侯以为仪真是小邑？可知它的战略位置何等重要？将军既知自己乃朝廷大将，岂可不奉朝廷之令？"

黄得功无法按捺自己，怒气冲冲地说道："就依督师所言，仪真位置重要，可如今高杰已死，便应将泰兴兴化及通泰二州尽归于我。黄某已依从督师，不追究土桥之事，更念其死于王事，可于高邮、宝应、江都几处养其妻儿！"

曲从直和马应魁见黄得功跋扈到坐地要价的地步，不觉大怒。马应魁从史可法身后站出，喝道："黄将军对督师太过无礼！大明之地，哪能你说要哪就要哪？"

史可法站起身来，侧头喝道："马将军不要说话！"又转向黄得功，声音平缓下来，说道："本督无权答应。"

黄得功冷冷一笑，说道："督师不答应，黄某决不罢兵！"

曲从直也站出来，对黄得功喝道："身为朝廷大将，想同室操戈吗？"

黄得功冷冷道："黄某在与督师议事，哪轮得到你说话！"

史可法对曲从直摇手道："曲大人暂且勿言。"他眼睛始终看向黄得功，继续说道："靖南侯在先帝年间，迫降五营兵，擒马武，杀王兴国，破张献忠，功绩无人不知，更是将军对朝廷忠义所现，土桥一事，本督也见将军不是心无大义之人。如今清军击破闯贼，指日便要南下，将军不思报国，反思一城一池之长短，岂是大义所为？"

说到这里，史可法并起手指，往北方一指，声音变得威严："如今国家之任，落于几位将军身上，江南千百万民众性命，也系在几位将军身上，如今高杰为王事而亡，将军自负功高，出身非流寇，可今日行事，将军自问，比得上高杰吗？"

黄得功被史可法问得一愣，一时竟不知如何作答。

史可法走上一步，声音又平缓下来，"将军有定策之功，天子倚重，也为天下倚重，解民倒悬才应是将军心中所重，将军难道想承误国之罪吗？本督言尽于此，先且回城。"

　　说罢，史可法转过身来，大步往帐外便走，曲从直与马应魁紧跟其后。

　　黄得功僵在营帐，看着史可法背影，呼吸声加重，对史可法不敢留，更不敢追。

燕子矶头

1

在城头的史可法看着黄得功大军拔营，侧身朝身边站立的卢九德拱手说道："没料到卢公公会亲自前来传旨，靖南侯终于拔营，下官感激不尽。"

卢九德将手中拂尘一摆，说道："史大人何出此言？昨日咱家往黄将军营中传旨，才知史大人以大义说之，咱家手上的圣旨，实是多余了。"

史可法说道："下官劝说靖南侯，也只是分内之事，上疏朝廷，也实是无奈。"

卢九德叹息一声，说道："史大人不要自谦了。黄将军已将史大人之言，句句告之咱家。史大人为国鞠躬尽瘁，咱家由衷钦服。若今日诸将，若人人都如史大人，又何惧北方之兵？"说罢连连摇头。

二人转身缓行。

卢九德边走边说："史大人途中上疏，说是扬州事定，便着手北线防务？史大人觉得高起潜高公公能镇守扬州吗？"

史可法见卢九德问得有些僭越，迟疑一下，说道："下官本拟北行，可如今三镇无法调用，下官举荐李本身之疏，得朝廷之旨，只命其领先锋之职，原高杰部下诸将甚为不满，下官还是在扬州多待一些时日，以为镇抚。"

卢九德眉头微皱，说道："咱家即刻回朝，将此地情形，奏以陛下。史大人肩上担子不轻，咱家就此与史大人别过了。"

史可法躬身道别，心知卢九德不欲高起潜代领扬州，内心暗叹。想起自己渡江督师以来，所上奏疏，无不优先诏答，却无一实行，几处总兵，时时惹出祸端，尤其听卢九德告之，刘良佐上疏，直接称高杰溃兵作乱，黄得功与刘泽清也合奏朝廷，不欲李本身领提督之位。高杰部下将领逐渐四散，藩篱尽撤。史可法眼看一支劲旅自行瓦解，直感自己四肢被缚，难以展开拳脚，偏偏敌人步步进逼，徒自悲愤欲泪，却是无可奈何。

2

进入三月，中原形势变化甚剧。李自成自兵败潼关，不得已放弃西安之后，率大顺军主力经蓝田、商洛撤入河南，随即兵下湖北，清英亲王阿济格一路紧追不舍。史可法料武昌有左良玉八十万大军坐镇，李自成难以攻克，此刻最为紧要之事，乃是清豫亲王多铎大军兵锋南下。

史可法已然接报，多铎三月初五发兵，仅仅两天，便占据虎牢关，固山额真拜尹图出龙门关，韩岱、梅勒章京伊尔德、侍郎尼堪所统领的外藩蒙古兵取南阳路，三路兵同时扑向归德。到十二日，归德陷落，紧接着睢州陷落，巡按御史凌駉被擒后自缢殉国，大明将领除许定国外，李际遇也投降多铎，献出开封。清兵南下通道彻底敞开。

连闻急报，史可法问计幕僚。应廷吉说道："清军南下，我等不可在扬州发令。依属下之议，督师可移镇泗州，防护祖陵，也可就近调动诸镇。扬州可命卫胤文将军镇守。"

史可法点头称是，立刻上疏朝廷，奏请移镇之事。

此时哪里还需史可法上疏奏报？清军南下速度疾如闪电，仅十余天时间，颖州、太和同时陷落，清军出归德之后，至象山，八百里之地无一兵一卒防守。泗州、邳州、徐州已危如累卵，朝廷颁下急旨，命史可法速赴徐泗。史可法接旨后急命史德威率前锋先行，紧接着前线来报，清军兵分二路，一路扑亳州，一路扑砀山，形势逼人。

史可法当即下令，命应廷吉为监军，参将刘恒礼、游击孙桓、都司钱鼎新及于光率部乘船前往清江浦，会合镇守该地的黄日芳，然后渡洪泽往泗州进发。

史可法大军于四月三日出发。

不料，大军刚刚出城，一骑迎面飞奔而来。

史可法日日都闻噩耗，此刻见该马奔跑急促，心中暗想，难道清军已攻下清江浦了？不知史德威生死如何？史可法风雨经历再多，想起史德威生死，禁不住浑身微抖。

只见那匹马奔到军前，来人落马跪地，说道："督师，圣上有诏。"

史可法见是南京圣旨，心中稍定，说道："陛下有何旨意？"

那人从怀中取出折好的黄绫，双手奉上，说道："此乃圣上手诏。"

史可法当即接过，展开一看，不禁惊呼一声。

应廷吉在旁，见史可法脸色大变，忙问，"督师，圣上何诏？"

史可法双眼圆睁，转向应廷吉，声音发抖地说道："左良玉大军从武昌东下，挥师南京，说是要'清君侧'。陛下命我勤王，拦截左良玉。"

3

史可法不得不再次上疏，言明清军南下甚急，必须分兵驻守盱、泗、临、淮及凤阳和寿州，以遏清军渡淮，又分析左良玉既是"清君侧"，就决不至与君为难，表示自己将亲自面见左良玉，晓以大义。奏疏送走之后，连日未见回音，史可法不得已，驱兵赶往南京。

四月八日，在路上的史可法再接急报，徐州总兵李成栋弃城而逃，徐州陷落。史可法惊怒交进，又不知南京现在究竟是如何状况。他此行勤王，原本是撤下江淮之兵，防线已异常薄弱，徐州一失，更担心清军趁机渡淮。但此刻如何能违旨回军？牙关一咬，令大军继续往南京而去。

第二日，史可法到达燕子矶。

无法忘却，仅仅一年之前，福王便是在此地登陆，接受群臣朝见。流光弹指，自己督师数百个日夜，却是北伐之志未获寸展，天下已到不可收拾的境地了。

史可法无旨不敢入城，扎下营帐。他此时方知，左良玉四月一日兵至九江，四月三日竟病逝于舟中。左良玉部将拥左良玉之子左梦庚袭爵，先后占领彭泽、东流、建德、安庆。马士英急调黄得功前往长江以南的太平府，击败左梦庚。

史可法得到消息，终于长吁一口气，想起北方军情，不觉又忧心横生，随即上疏，请往南京面君。不料，马士英深恐史可法入朝后会位居己前，立刻怂恿弘光下旨"北兵南向，卿速回料理，不必入朝"。

史可法接旨，不觉心头大恸，南京就在眼前，却不能入朝，更不能看到一年未见的老母和妻子。他走出营帐，登上燕子矶，只见长江滚滚，波涛如怒，自己内心何尝不似这万里长涛，无论积蓄多大、多久的力量，当扑向那些纹丝不动的千钧巨岩之时，转眼便被击得粉碎。

史可法从来不惧自己有一天粉身碎骨，他惧的是天下形势难挽，万民将遭涂炭之苦。他走到燕子矶高处，眼见长江一浪高过一浪，不觉想起母亲当日之言，"牢牢记住'大节'二字，其余之事，无需多思"。史可法扪心自问，"大节"无日或忘，可哪件事又不需自己多思？一年来心力交瘁，日日渴望北伐，却日日被内部无穷纷扰绑缚。一阵伤痛涌到心间，史可法远望南京城头，不觉双膝跪下，面南拜了八拜，泣声喊道："陛下！陛下！诸镇拥兵不前，清军步步南下，我大明江山啊……"说到后来，史可法已泣不成声。

　　拜别之后，史可法擦泪起身，匹马回营，立刻下令，全军北上。

史可法想起母亲教诲，立誓守护河山。

孤掌难鸣

．

1

志在扫灭弘光朝廷的清军兵分三路。西路军由英亲王阿济格率领，主要任务是出商洛、取邓州、入襄阳，剿灭李自成，再乘胜击败左梦庚的武昌明军；东路军由原驻山东的固山额真准塔统军，沿运河水陆并进，南下徐州，占据宿迁、淮安、兴化、通州、如皋，主要军事打击目标是刘泽清所率明军；中路清军由豫亲王多铎率领，预定路线是出潼关、进归德，随即兵锋南下，趋泗州、占扬州，最后攻取南京。

在史可法往南京之时，多铎已于四月五日从归德起兵。令多铎意外的是，明军非但抵抗不力，沿途州县更是无不望风而降。

此时，史可法正全力率军赶往天长。途中频闻急报，上午传令高邮守军，将军器钱粮运至浦口。高邮守军还未及准备完毕，中午又接史可法令箭，称清军已更南下，命高邮守军速回扬州。到下午时，第三道命令又来，"盱眙告急，邳宿道可督诸军至天长接应"。奉命守在高邮的应廷吉不觉顿足道："千里之程，如许之饷，如何一日三令？督师方寸怎么会如此之乱！"其实应廷吉如何不知，不是史可法方寸大乱，而是军情太急，无处不乱。应廷吉当即命泗州守将侯方岩驰援盱眙，自己率军前往天长。

史可法日行百里，于四月十一日赶至天长。在此等候的史德威将史可法迎进。

兵马未歇，征袍未洗，史可法坐于帐中，檄召诸将往驰盱眙救援。

此刻大雨倾盆，史可法檄令刚出，军士报告说应廷吉从高邮前来拜见。

史可法见到应廷吉，心中一喜，起身说道：

"廷吉来得正好……"转眼见应廷吉浑身湿透,脸色含悲,立刻问道:"廷吉如何这等模样?"

应廷吉悲声说道:"督师,派去驰援盱眙的侯方岩已全军覆没了!"

史可法闻言,不禁站起身来,说道:"眼下还有何人可派?"

应廷吉摇摇头,说道:"无将可派,也无需再派。"

"无需再派?"史可法不由怒道:"此言何意?"

应廷吉双眼含泪,说道:"我刚得消息,盱眙守军已经投降了!"

"投降了?"史可法简直不相信自己的耳朵,左右望望,痛苦摇头,说道:"盱眙既失,只可力保扬州了!传我将令!全军立刻赶赴扬州!"

2

回师扬州路上风雨越来越大,史可法心知清军铁骑太快,不顾泥泞路险,一日一夜,马不停蹄赶回扬州。

留守扬州的知府任民育、淮扬总督卫胤文、城内忠贯营首领何刚等人见史可法冒雨赶回，均觉诧异，赶紧将史可法迎进。

史可法刚进府邸，尚未进食，任民育急匆匆走进，说道："督师大人，城内四处纷扰，说是许定国率大军将至，要屠戮高杰妻儿。"

史可法抬头皱眉，握拳说道："此乃谣言，权且不管。许定国伏杀高杰，投降清廷，他若是来扬州，本督非把他碎尸万段不可！"

任民育见史可法神情坚决，拱手道："既然如此，下官便放心了。只是督师连夜赶回，前线吃紧，督师决策如何？"

史可法紧紧凝视任民育，说道："扬州便是史某死地！任知府且回，平息谣言。"

任民育听史可法说出"死地"二字，心头一震，拱手说声"是"，退步而出。

史可法知清军不久便到，城内守军，不过何刚麾下的忠贯营，兵力薄弱，实在放心不下，起身而出，亲往各处巡营。

何刚等人见史可法雨中大步，神情威严，忍不住心头酸楚，纷纷上前劝说史可法先回府进食。史可法摇头叹道："清军转眼即至，本督岂敢懈怠！"

何刚眼眶盈泪，抱拳说道："督师请放心，敌兵若来，末将誓死抵抗！"

忠贯营将士齐齐站立，同声说道："我等誓死抵抗！"

史可法伸手拍拍何刚肩膀，说道："好！好！扬州众志成城，就不怕敌军势大了！"

其时大雨滂沱，似乎再也不会停下。

3

史可法巡视至二更，终于疲倦，在众人劝说下回府安歇。

五鼓时分，天刚拂晓，史可法在睡梦中听得外面熙攘声不绝，陡然惊醒。侧耳一听，果然是人马乱嘶。史可法一惊非小，立刻起身，还未出府，史德威已然冲进府邸。

迎面见督师，史德威不等相询，拱手说道：

"督师，随高杰妻儿来扬州的五百高营将士夺关而出了。"

史可法双眼圆睁，喝道："为何会这样？"

史德威脸色含悲，说道："昨日回城，便有许定国率军将至，要将高杰妻儿斩草除根的消息传布。任知府虽四处辟谣，但高营将士仍是恐慌，所以携着他们母子出城去了。"

史可法痛苦摇头，缓缓摇手道："既如此，就让他们离城罢了。"

史德威悲声说道："督师让他们去，可……军中的骡马舟楫被他们抢走一空，末将制止不了，不敢动武，特来请命督师，我们……是否截下高营？"

史可法仰天一叹，说道："高营人惶恐，就让他们走，本督已决心死守扬州，骡马舟楫对我们已是无用，不要阻截了。"

说到此处，史可法声音苍凉无比。

4

史可法升帐之后，又有噩耗传来。清军已渡淮南下，如疾风骤雨，统兵之人乃清豫亲王多铎。计算日程，两日后便可到扬州。

史可法眼见城内兵少，知扬州若失，南京难守，形势实已到千钧一发的危急地步，当即咬破手指，以血为书，檄各镇兵马赴援扬州。第二日，即四月十五日，守卫报田仰、刘泽清沿江而来。扬州城内诸人振奋，不料刘泽清却不是奉檄而来，而是眼看清军势不可挡，率部逃向淮安老巢。史可法能调用的人马捉襟见肘，命川将胡尚友、韩尚良领本部驻茱萸湾，应廷吉驻瓦窑铺，以为声援。十七日，何刚率忠贯营也往瓦窑铺。就在这日，清军一小股前哨部队出现，何刚率军击退清军，胡尚友、韩尚良部下同时出击，战果是斩下清军七颗首级。

多铎大军随即拥上，在距扬州二十里处下营。

史可法下决心守在扬州。眼见刘泽清逃离驻地，收到檄文的刘良佐按兵不动，击败左梦庚后就屯兵芜湖的黄得功也不发一兵一卒增援。扬州成为一座在风雨中飘摇的孤城。史可法的忧急之情倒是随着自己的决心而忽然放下。他看得异常清楚，扬州的命运已定，自己的命运已定，南京弘光朝的命运也将会随着扬州的命运而走向再也不可逆转的终局。

浴血扬州

1

十九日上午，正在巡城的史可法忽然看见城外尘土飞扬，旗号分明，乃大明之旗。史可法不由一喜，身边的众将士也兴奋起来。只是兴奋之情没有延续多久，过来的那支明兵数量太少，能够看出，清军似乎并未阻拦，甚至让开通道，显是让其入城，以便来个一网打尽。

该军奔到近前，看得清楚，是刘肇基率领一部过来。

史可法不禁双眼含泪。如今扬州危如累卵，诸镇接檄后无一至者，一是习惯对史可法军令置若罔闻，二是无不深知，增援扬州无异飞蛾扑火。此刻见刘肇基奋不顾身前来扬州，史可法即刻下令开城，亲自下城楼相迎。

一见史可法，刘肇基翻身下马，拱手说道："督师，末将来迟了！"

史可法也双手一拱，说道："肇基来得好！来得好！"说完这几字，史可法不禁热泪上涌，情知刘肇基率部入城，乃是抱定殉国之心了。

下午，史可法聚将议事。命刘肇基守北门，应廷吉守南门等等。

随着一声"报——"的长呼，一士卒手执一支雕翎箭进入，单膝一跪，说道："禀督师，城外清军射入此箭，上有信函。"

史可法命其传上。

雕翎箭上果然缚有一信。史可法拆开一阅，不禁将桌子一拍，厉声说道："刘良佐率部投降！李本身也率部投降！真乃我大明之耻！"随着吼声，史可法两眼滚出热泪，他自己不知泪水已下，痛声续道："世受国恩的人，竟如此辜负天下！现在多铎居然要本督投降，真是妄想！扬州便是本督殉国之所！"说罢，史可法将信函一把撕碎，掷于地上。

卫胤文、刘肇基、史德威等人也霍地站起，于腰间拔剑，厉声说道："我等决不投降！"

史可法看看左右，才惊觉自己脸上有泪，抬腕擦去，抬眼看向史德威。

史德威久随史可法，素知史可法胸襟行事，此刻见其眼神有异，未加多想，跨出几步，面对史可法躬身说道："末将誓与扬州共存亡！"

史可法走到史德威面前，眼中盈泪，说道："德威忠义，是可托大事之人，今日扬州，危在旦夕，本督已决意殉国，而你不可。"

史德威闻言，禁不住泪水上涌，单膝一跪，说道："末将誓死追随督师！"

史可法泪过脸颊，说道："德威可还记得中秋之日，本督问你可入史家谱系？你知本督为何有此一问？"

史德威抬头说道："末将实是不知。"

史可法将泪珠一擦，说道："今日扬州难保，本督尚有一愿，我膝下无后，想你做我螟蛉之子，承续史家香火如何？"

史德威万没料眼前督师竟要收自己为义子，心头大震，伏地说道："督师为国杀身，德威义当从死，何敢偷生？只是末将自有宗支，无父母之命，如何敢为督师之后？"

史可法挥泪说道："本督为国而亡，我今以父母大事嘱托于你，德威不要推却。"

旁边刘肇基等人听得这番对话，饶是堂堂男儿，也不禁下泪。刘肇基走上一步，也单膝跪地，对史德威说道："督师乃顶天立地之人，他的后事，便乃天下之事，史将军为督师螟蛉，你父母得知，也必欢喜。"

史可法泪水长流，手抚史德威肩膀，说道："为我祖宗父母计，我不负国，你忍心负我吗？"

史德威再也无可抑制，伏地大哭，喊道："义父在上，请受孩儿一拜！"

史可法缓缓点头，擦泪说道："好！好！本督临终之前，终于有子，也不愧列祖列宗了。威儿与我同姓，我今日上书太夫人，将你谱入史家诸孙当中。威儿记住了，待为父死后，且葬我于太祖高皇帝之侧，若是不能，就葬于城北的梅花岭上，不可忘了。"

史德威泣声答道："孩儿谨遵义父之言！"

旁观之人，无不流涕。

2

转眼时近黄昏，又有一士卒进来通报，城外李遇春想与督师对话。

"李遇春这个叛贼！"史可法厉声一吼，说道："诸将都随我至城头。"

当下一行人走上城头，暮色苍茫中，果然是李遇春在城下勒马仰头。

史德威一见，厉声骂道："你等叛贼，背负朝廷，有何脸面来见我？"

李遇春仰头说道："督师忠义遍布华夏，却独独不见信于朝廷，为这样的朝廷卖命不值得，李某不过顺时应势，督师也不妨投身大清，不失封侯之位。"

史可法大怒，伸手对刘肇基说道："弓箭

给我。"

刘肇基依言将弓箭递与史可法。史可法张弓搭箭，瞄准李遇春射去。

李遇春武将出身，听得弓响，情知不妙，立刻闪躲。

史可法没有射中，李遇春已惊出一身冷汗，立刻拨转马头，赶紧逃离。

史可法对李遇春背影喊道："叛臣贼子，早晚将你捉住，以正国法！"

众人看着李遇春匹马远去，也不想离开，站在城头远望清军营帐，只觉对方营中杀气弥漫，从飞扬的旗帜和闪亮的兵刃来看，扬州城内的军士远逊对方。史可法拍拍城堞，说道："扬州便靠这高墙来防守了！诸将仔细守卫各门，不可轻忽。"

夜色渐浓，清营的灯火愈加明亮。陡然间又见两人从清营来到城下。

史可法等人看得分明，来人并非清军或降将，而是两个乡民。

二人奔到城下护城河旁站住，举起手中一函，大喊道："史督师，我们是大明乡民，不得已身在清营。他们对我们甚好，南京朝廷腐败，督师不如也降清吧。此乃大清豫亲王手书，请大人一阅。"

史可法闻言，心中更怒，万没料普通乡民也甘愿为清军做马前之卒，当下冷冷答道："本督身为朝廷命官，岂可反面事贼？"立刻命令健卒二人缒城而下，将那两位乡民连同招降书一并投入护城河。

过得半个时辰，天色已晚，史可法等人在城头见清营刀光闪烁，火把分明，如一道汹涌波浪，缓慢地推向扬州城。

多铎终于兵临城下，扬州被围得如铁桶一般。

3

第二天，四月二十日。

四门守军都眼见清军连绵不绝，似乎兵力无穷无尽，尤其进屯在斑竹园的主力，更是刀枪如林。扬州守军无论是将是兵，都等着敌军攻城。城内兵力太少，主动出击是不可能的。各处传来消息，清

清军兵临城下，史可法临危不惧。

军暂未攻城，是在等红夷大炮。此炮威力巨大，多数人只是耳闻，并未亲见。不论有多少士民怀抱同仇敌忾之心，恐慌气氛还是在全城弥漫。

史可法昨晚便上遗表给朝廷，另写了五封遗书，分别给多铎、母亲、妻子、叔父兄弟及史德威。而后又将五封信写下副本，交府中一个叫史书的仆人收藏，嘱其带出扬州。

史可法书信未出，又连收多铎五封劝降书。史可法一概不拆，直接点火焚烧，身旁诸将见此，无不坚定斗志。

再过一日，城内陡然喧嚣。史可法疾步出府，却见府外站着甘肃总兵李栖凤和监军道高岐凤。二人身后站满甲兵。

史可法微感诧异，不知铁桶般的围城中，他们是如何带兵入城的，当即走上台阶，威严地看着李栖凤说道："李总兵带兵入城，可是前来助阵？"

李栖凤乃随史可法渡江之人，此刻见史可法神色凛然，还是不禁微感震慑，嘴唇嗫嚅几下，然后说道："督师，末将今日进城，乃大清豫亲王让路而入。"

史可法冷冷地看着他们，缓步走下台阶，目光如电，逐一扫过。

李栖凤等人被史可法目光逼视，不禁退了几步。

史可法说道："这么说，你们投降清军了？"

高岐凤看看李栖凤，见他不敢回答，鼓起勇气说道："督师，我们……我们……张天禄和张天福带领兵马投降了。"

"他们投降了？"史可法冷笑一声，看着李栖凤身后的一众军士，扬声说道："你们都是大明子民，难道要做出辱没祖宗的事情来吗？李将军、高将军，本督不妨直言，扬州乃本督死地，你们二位要取富贵，请自便。走吧！"

史可法身后的史德威横剑而出，厉声说道："谁敢动督师，别怪我剑下无情！"督师府内的百余亲兵也各挺长矛，对住李栖凤等人。

李栖凤和高岐凤互相望望，再见史德威怒目而视，更听得自己身后有军士低声说出不降的话，终是不敢下令劫持史可法。李栖凤咬牙说声："我们走！"两人带兵离去。

看着李栖凤等人远去，史德威悲怆难言，对史可法喊声："义父！"

史可法微微叹息，说道："人各有志，让他们去吧。"声音无比苍凉。

翌日，刘肇基匹马直奔督师府。

一见史可法，刘肇基便悲声说道："督师，李栖凤和高岐凤煽动胡尚友和韩尚良，四人欲一道出城降清。我们要不要阻止？"

史可法脸色疲倦，惨然一笑，说道："扬州乃死地，他们选择降清，是为选自己一条活路，如是阻止，清军尚未攻城，城里便生内祸。罢了！罢了！开城让他们出去。"

刘肇基闻言吃惊，看看旁边的史德威。后者脸色忧戚，缓缓摇头。刘肇基内心长叹，只史可法不欲城内生变，更不欲更多人陪己丧命，双手重重一拱，转身出去。

史可法缓缓在椅中落座，看着史德威，凄凉说道："守御日单，降者日甚，为父竭尽全力，也是事不可为了！"

4

到四月二十三日，清军依旧没有攻城。

扬州城内的气氛越来越紧张，史可法已昼夜无歇，当夜二更时分，传令召来应廷吉。

应廷吉等守将也衣不解带地巡城守卫。

史可法脸色严肃，对接令而来的应廷吉说道："廷吉，这几日我仔细思考，扬州无法守住，但扬州失守，未必南京失守，如今投降者众，天子依然需要后续力量。我命你今夜缒城，移泗州银两二十万，军械火药十万并粮米，你召集保管这些军需的诸将，记住，非君至不可动！你陆续转运，以济缓急。"

应廷吉吃惊道："廷吉愿随督师守城。"

史可法像是没有听到应廷吉的话，摇手说道："此事甚大，你趁夜出城。南门之守，你速交施凤仪代之。"

应廷吉看着史可法眼神坚定，双手一拱，深深弯腰，说道："督师保重！"这句话说完，应廷吉双目流泪，他知道这是与督师最后的道别了。

第二天夜间，清军的攻势骤起。

扬州各门外喊杀声震天，史可法亲在西城楼督率守城。

各处城门的守军都是不多，好在扬州城高墙厚，清军一时难以攻克。

就在攻势如潮、守势如磐的当口，几乎所有攻守之人都看见，半空中一发炮弹破空飞来。

"红夷大炮！"不少守军惊呼。

清军从泗州运来的红夷大炮终于来到了战场。

一发十斤四两重的炮弹随着膛口的烈焰喷涌而破空飞出，震耳欲聋的炮声瞬间盖过了城头的厮杀喊叫。整座扬州甚至静止了数秒，只有炮弹飞行的"呜呜"声打破瞬间的寂静。转眼间，炮弹飞至扬州知府大堂，落地爆炸。整个知府堂眨眼间损毁半边。

一弹之威如此，爆炸范围内的军民被炸得血肉横飞。

惊惶是最易传染的情绪，扬州城几乎在瞬间就被恐怖笼罩。

坐镇西城楼的史可法闻报时，清军的围攻已达到极点。无数的喊杀声呐彻寰宇，犹如蚁群的清军密密麻麻地四面围攻，西北角的兵士尤其密集。

史可法也推出守城大炮，朝下轰击，清军攻势正猛，第一发炮弹击毙清军近百人。以双方轰击效果来说，清军大炮威力更大，但因击在府邸，伤人不多，明军的炮弹威力有限，却是落在人丛中爆炸，被毙的清军极众。但对双方士气来说，扬州城内被一发炮弹震慑得浑身发抖，而清军却是前赴后继，完全不顾伤亡。尤其多铎闻得史可法炮击，震怒非常，下令再次开炮。这一次，炮弹击在扬州西城墙之上，城墙顿时垮塌大半。

多铎命军营吹起进攻号角。

垮塌的城墙和堆起的尸首已如山积，竟形成一条倾斜的坡道。清军大队人马踩尸而上，在无数疯狂的喊杀声冲进了扬州城。

杀戮的火焰在城中开始四处弥漫，扬州在火海中一片大乱。

5

　　史可法眼见城破，心知大势已去，转过头来，对着身边的副总兵庄子固厉声喝道："子固可记得我昨日之言！"庄子固浑身发抖，说道："末将记得。"史可法厉声道："此刻便是时候，来！且砍下我头！"说罢，史可法将脖颈一伸，命庄子固动手。

　　庄子固如何下得了手？浑身发颤，连腰刀也拔不出来。

　　史可法知庄子固不忍，伸手将自己腰间佩剑拔出，更不多言，往颈中抹去。

　　庄子固与史可法身边参将许谨两人奋力将史可法抱住。许谨大喊："督师！督师！留得青山在，不怕没柴烧啊。督师有用之身，不可如此！"

　　史可法奋力挣扎，挣不脱两人合抱。

　　便在此时，史德威持剑从外面冲击，喊道："义父！……"他还没说完，见此情形，已知究竟，手中剑不觉掉地，拜地哭道："义父！不可如此！"

史可法怒声大喊:"威儿!快速速给为父一剑!"

史德威站起身来,擦泪说道:"义父不可如此!如今清军刚刚入城,我们可趁乱杀出城去。义父,且留有用身,大明岂可没有义父!孩儿助义父杀出城去。"

三人及楼外数十骑亲兵拥住史可法,径往东门奔去。

眼看将到东门,前面无数民众惊慌跑来。

庄子固抓住一人喝道:"东门如何?"

那人脸色大骇,叫道:"清军进东门了!"说罢,推开庄子固,拔腿便跑。

史德威喝一声:"往南门去!"

众人转而向南。

史可法一路大骂,只欲求死。但其兵刃被史德威拿下,自杀不能,只得被裹挟而走。

看看南门将近,刚刚转弯,陡然一阵箭雨迎面射来。

许谨率先带队开路,当胸中箭,只哼得一声,倒地而亡。

他身边的数十骑几乎全部中箭倒地。

庄子固见势不好，奋力催马，往史可法身前一挡，几支箭透胸而入。

史可法眼泪纵横，翻身下马，将庄子固抱住，连声喊道："子固！子固！"却哪里还听得到回音。

再抬头时，眼前一队清军迎面而来。

史可法回头对史德威说道："最前者是谁？"

史德威答道："正是清廷豫亲王。"

史可法再深看一眼史德威，说道："威儿记住为父最后之信，赶紧觅路出城！为父得骂敌而死，足矣！"

说罢，史可法不等史德威反应，将其马匹缰绳扭过，奋力一拍，自己拔腿从迎面逃跑的民众间穿过，直朝清军奔去。史德威被逃来的民众裹胁不得脱身，想起史可法刚才之言，不觉怆然，几次回马，却终被难民冲击，掉下马来，转眼便被无数只脚踏过。

6

史可法见清军已近，伸臂大声喝道："我乃史可法！快把我带到你们王爷那里！"

迎面而来的清军陡见一身着官服之人威严站立，称自己是史可法，都不觉惊讶。

这队清军首领张鹰越众而出，走到史可法面前，惊讶地说道："阁下是史督师？"

史可法怒声喝道："正是史某！"

张鹰意外中不觉大喜，擒获史可法，自己便是立下了头功。见对方威严，不禁心生敬意，不敢叫人上前绑缚，说道："既是史督师，请随我去见豫亲王。"

史可法傲然抬头，大步走前，面前的清军为史可法气势所慑，让开道路。

南楼城上，众兵将簇拥的正是清廷豫亲王多铎。

闻得史可法被执，多铎哈哈大笑，看着张鹰等人将史可法一步步带上城楼，笑声陡敛，阴沉沉地注视这位天下闻名的大明兵部尚书。

史可法走到多铎面前，冷冷地凝视对方。

多铎眉头一皱，说道："阁下果然是史督师？"

史可法下颌微抬，傲然说道："本督出来，便是要死得明白，如何会是假的？"

多铎闻言，见其浑然不惧，暗起敬意，对身边人说道："还不快给史督师让座？"

旁边将领即刻拉来一把座椅，让史可法坐下。

多铎在史可法身边落座，开口说道："这几日，本王累次致函，督师不从。如今督师为大明也算得上尽忠了，臣子本分已尽。素闻督师爱民如子，可否为本王收拾江南？"

史可法闻言大怒，椅腕一拍，厉声说道："史某身为朝廷大臣，岂肯偷生降敌，受万世骂名！本督头可断，身不可辱，今日被擒，只求速死，从先帝于地下。"

多铎恳声说道："督师为国，已鞠躬尽瘁，只要先生投降，本王担保，终生有享受不尽的荣华富贵，洪承畴不就被我朝重用？"

史可法闻言更怒，霍地站起，并起手指，指向多铎说道："洪贼受先帝厚恩，不思为报，要史某步其不忠不义的后尘，王爷只怕妄想了！"

多铎眼光倏然一冷，起身拔出腰刀，作势欲劈。

史可法不退反进，迎刀而去。多铎大笑收手，见其神色凛然，不禁敛笑说道："生死不惧，好男儿！"

他将腰刀插入刀鞘，说道："本王一路南来，从未见过督师这样的忠臣。好！本王今日就成全先生的忠义之名。"

史可法双手往后一背，提声说道："城亡与亡，我意已决，便是碎尸万段，也甘之如饴，扬州百万生民，不可杀戮！"

多铎不答，侧头对张鹰说道："带下去，成全他！"

看着史可法挺腰走下楼城，多铎不由对史可法背影颔首说道："朱明忠臣太少，终于见得一个，本王敬之！"说完这句话，他又将双眼看向全城。扬州城内，仍是杀声一片，火光冲向黑沉沉的夜幕，仿佛要把天空烧出一个难以填补的巨大窟窿。

史可法英勇不屈，慷慨就义。

梅花岭上

1

两个月后，扬州仍是一座名副其实的死城。

此时的江南，已经随着扬州的失守而天翻地覆。

多铎屠城之后，继续挥师南下，明朝最后依恃的长江天险在五月九日失守，弘光帝及马士英在惊恐中于十日夜间撇下臣民，秘密逃离南京。留在都城的大臣们无人想要坚守，以东林党领袖钱谦益为首的官员竖起降旗，至城郊迎接多铎。南京落入清军之手。弘光帝一路颠簸，逃至芜湖黄得功军中。黄得功虽不遵史可法号令，却忠于弘光帝，在战斗中手臂受伤之际，以布帛缠住伤臂，另一手执刀，率麾下八位总兵迎敌。不料清军先锋竟是投降的刘良佐。面对刘良佐的劝降，黄得功厉声怒骂，便在此时，对方一支冷箭射中黄得功咽喉左边。黄得功知已难有作为，当即扔刀拔箭，反过箭尖，刺喉自尽。其部将田雄将弘光帝背起，忍住其张口猛咬后颈的流血疼痛，一路背到清营，将龙椅方坐一年的弘光帝献给清军。史可法拼全力保卫的弘光朝就此土崩瓦解。

对彼时的扬州来说，一切都似乎随着史可法的就义而全部结束。

城破之时，守护北门的刘肇基率四百人巷战，格杀数百清军，无奈清军越来越多，刘肇基终于死在乱军之中，其部下无一生还。任民育穿上朝服，端坐知府大堂，凛然不降，受刃而死，家人无论男女，尽投井而死。忠贯营首领何刚、庶吉士吴尔埙也投井殉国。此外，同知曲从直、王缵爵，江都知县周志畏、罗伏龙，两淮盐运使杨振熙，监饷知县吴道正，江都县丞王志端，赏功副将汪思诚，从礼贤馆选拔出的幕客卢渭等尽皆死难。

但多铎的一声令下，清军在扬州屠戮十日，扬州死难者达八十万之众。满街尸首无人收拾，乃至在六月暑天之后，满城尽是尸臭。

这日，衣衫褴褛的史德威在满街尸首中踉跄而行，四处寻找史可法的尸身。史可法就义之时，史德威被难民撞落马下，醒来之时，想起史可法遗书在怀，情知自己不能就死，寻到旌忠寺，藏好义父遗书，到南楼城下，亲见史可法在怒斥多铎后就刑。史德威泪水难抑，却终于逃出扬州，藏身于野。

听得扬州遭遇十日之屠，史德威更是不敢即刻返城。飘零两月之后，终于在六月再入扬州。史德威先去南楼城寻找义父尸体，没有找到，索性全城寻找。满城尸首在暑天蒸变，哪里还能辨识？史德威在不可止住的泪水中寻到旌忠寺。寺内也是尸首遍地。史德威找到当日存放的义父遗书，泣声说道："孩儿不负所托，今日便将义父遗书带往南京，献给太夫人。"

此时的史德威，不再是明朝之将，已是货真价实的难民。渡江后进入南京，见城内清廷旗帜飘扬，忍住眼泪，终于在四处寻访中找到隐居的史可法母亲。当即跪倒，将史可法遗书双手呈上。

史可法母亲与妻杨氏见到遗书，不禁放声大哭，展读完毕，方知史可法已将史德威收为义子，史母将史可法衣冠取出，交给史德威说道："此乃你义父衣冠，葬在太祖高皇帝之侧的遗愿是不能了，就将其衣冠葬于梅花岭吧。"说罢，又不禁再次痛哭。

史德威跪在地上，双手接过史可法衣冠，叩头说道："孩儿一定遵从祖母心愿。"

2

此时弘光朝虽亡，但明朝唐王朱聿键由安南伯郑芝龙迎入福州，登基称帝，改称隆武元年。史德威听到消息，极欲前往福州投奔。却见史可法母亲年事已高，不忍离去。到第二年时，史德威看看清明已近，再也无法忍耐，当下拜别史母和杨氏，带上史可法衣冠，再次渡江前往扬州。

扬州城此刻不再是去年所见模样，城头所见，遍插大清旗帜。史德威心中惨痛，也不入城，径直取道城北天宁门外的梅花岭。

其时细雨霏霏，正是清明后的一日。

史德威走到岭上。梅花岭是万历年间的扬州太守吴秀在浚河之后，积土成丘，岭上梅树遍植。只是此刻梅花未开，史德威手抚梅树，暗想梅花与松、竹并称"岁寒三友"，若加上菊花，又称"四君子"，回思此生遇到之人，真是除了义父，再无他人之品格能与梅花之义相配了。想到此处，史德威内心忽然没有了痛入心肺的悲伤，倒是为义父能终于魂归梅岭而涌上了一丝酸楚的安慰。

他将史可法衣冠埋入地下，又将所制墓碑竖于冢前。

想起自己找到石匠制碑之时，那石匠在石上凿出"明大司马史公之墓"八字之后，竟眼中流泪，坚持不取分文。

史德威恭敬地跪在碑前，嘴里喃喃说道："义父在天之灵可见，孩儿终于完成了义父遗愿，义父可以安息了。"还有些话，史德威却是不忍再说。史可法一生为国，史德威如何能告诉他，弘光朝已溃，今日的隆武帝也被郑芝龙、郑鸿逵兄弟架空为傀儡，更难以置信的是，浙东鲁王朱以海竟也在绍兴出任监国，在清军席卷江南之际，绍兴与福州为争夺皇统，不惜大动干戈。大明江山，逐渐雨打风吹去，改朝换代已成定数。

若说出这些，义父在地下岂非也不得安宁？

史德威咽下已涌到喉咙的悲诉，久久看着碑石。此时黄昏将尽，细雨早停，残留的夕阳照在粗糙的碑石之上，每个凹凸处闪射出点点光芒，直如一朵朵细碎的金色梅花。

梅花岭上，史德威为史可法立衣冠冢。

史可法

●◎ 明神宗万历二十九年（1601）

史可法出生。父，史从质；母，尹氏。

●◎ 明思宗崇祯十六年（1643）

史可法官拜南京兵部尚书、参赞机务。

●◎ 崇祯十七年（1644）

四月，史可法渡江，拟北上勤王，得崇祯死讯，返南京。

● ◎崇祯十七年（1644）

五月，福王登基。史可法于二十日渡江督师。

● ◎崇祯十七年（1644）

六月，高杰攻扬州，史可法入高杰营中。同月，开府扬州，设礼贤馆。

● ◎南明弘光元年（1645）　　清世祖顺治二年

正月，命高杰北征。高杰死于睢州之变。史可法痛惜中原无望。

● ◎弘光元年（1645）　　顺治二年

二月，史可法返扬州，义斥黄得功围城。卢九德传旨，黄得功退军。

● ◎弘光元年（1645）　　顺治二年

四月，清军南下，左良玉起兵"清君侧"，史可法奉旨勤王，至燕子矶，随后赴天长。盱眙守军降清，史可法返扬州坚守。二十四日，多铎破扬州，史可法被俘就义。